오늘은 집에서 카페처럼

사계절
홈 카페 레시피

박현선 지음

오늘은 집에서

카페처럼

지콜론북

프롤로그   008

커피용어 & 일러두기   010

모카포트로 에스프레소 1샷 추출하기   012

카플라노 컴프레소로 에스프레소 2샷 추출하기   014

핸드드립 방식으로 커피 한 잔 추출하기   016

더치커피 만들기   018

스팀밀크 & 휘핑크림 만들기   019

상큼한 과일청 만들기   020

나른한 시간을 함께

에스프레소를 활용한 진한 커피		026
에스프레소		032
에스프레소 마끼아토		034
에스프레소 콘파냐		036
아이스 더블샷		038
아이스 카페 라떼		042
아이스 카푸치노		044
더치크림 라떼		046
말차크림 라떼		048
카페쓰어다		050

피크닉 가기 좋은 날

야외에서 즐기는 음료		052
딸기 라떼		058
라임 민트 에이드		060
오렌지 에이드		062
자몽 에이드		064
키위 바나나 주스		066
디톡스 워터		068

해가 길어졌다

오후에 어울리는 커피		072
아이스 아메리카노		078
큐브 라떼		080
말차 큐브 라떼		082
아이스 카라멜 마끼아토		084
아이스 바닐라 라떼		086
아이스 그린티샷 크림		088

체
감
온
도
40
도

더위도 잊게 할 여름 음료　　090

오렌지 카푸치노　　096

아이스 민트 아메리카노　　098

썸머 라떼　　100

아포가토　　102

라즈베리 큐브 에이드　　106

유자 에이드　　108

체리 에이드　　110

키위 에이드　　112

카
디
건
을

꺼
내
고

쌀쌀한 날씨에 어울리는 음료　　114

카푸치노　　120

카페 라떼　　122

말차 라떼　　124

더티 커피　　128

미숫페너　　130

사과차　　132

자몽차　　134

레몬차　　136

그
가
을
우
리

연인과 함께 마시기 좋은 음료   138

사과 라떼   144

무화과 라떼   146

밀크티 라떼   150

마롱 라떼   152

모카 초코 크림   154

유자 캐모마일차   156

뱅쇼   158

포
근
함
이
필
요
한
시
간

따뜻함이 전해지는 음료   160

아메리카노   166

롱블랙   168

더블샷 라떼   170

바닐라빈 라떼   172

카라멜 라떼   174

핫초콜릿   178

마시멜로 라떼   180

옛날커피   182

딸기차   184

고구마 라떼   186

가끔은 밖에서   디저트와 함께하기 좋은 카페   190

무더워지기 시작하는 여름에는 얼음을 가득 넣은 아이스 커피가 생각나고, 코끝에
찬바람이 느껴지는 겨울에는 따뜻한 커피 한 모금이 생각난다. 양손으로 뜨거운 잔을
잡고 후후 불며 마시면 몸이 따스하게 녹는다. 계절이 바뀔 때면 찾게 되는 커피의
종류는 다르지만, 오늘도 여전히 날씨와 기분에 어울리는 커피와 음료를 찾고 있다.
정신없이 바쁜 일상 속에서 모든 것을 잠시 멈추고, 단 10분이라도 느긋하게 커피를
내리며 온전히 나에게 집중하는 시간이 필요할 때가 있다. 한 잔의 커피가 소소한
위로와 행복을 건네기도 하고, 함께 있는 사람과 마주 앉아 온전히 서로에게 집중하는
그 시간에도 커피와 음료가 필요하다.

홈 카페를 시작한 건, 혼자 살게 되면서 생각보다 나에게 온전히 주어지는 시간이 많이
생겼기 때문이다. 그러다 보니 자연스레 혼자만의 시간을 심심하지 않게 보내기 위해
나만의 카페 놀이를 시작했다. 좋아하는 노래를 틀어 놓고 차분히 핸드드립 커피를
내렸다. 한 방울씩 떨어지는 커피 소리와 집안에 퍼지는 커피 향에 기분이 좋아졌다.
이렇게 집에서 커피를 내리며 느끼는 행복을 다른 사람들과 공유하고 싶어서 레시피를

정리하고 음료를 만드는 과정을 영상으로 기록했다. 생각보다 많은 분이 커피를
만드는 영상을 함께 보며 '기분이 좋아진다'와 같은 글을 많이 남겨주셔서,
가끔 게을러지더라도 그 고마운 말들이 생각나 더 많은 레시피와 영상을 만들었다.
작은 응원들이 작업하는 내내 힘이 되었다.

사실 커피를 전문적으로 배워본 적도 없다. 대학생 시절 아르바이트로 프랜차이즈
커피숍과 동네 카페에서 일해 본 게 전부이고, 심지어 집에는 가정용 전문 커피 머신도
없다. 하지만 서툴더라도 하나씩 시도해 보고 즐기려는 마음만 있다면 얼마든지
집에서도 맛있는 커피를 만들 수 있다.

밖에서 마시는 커피와는 또 다르지만, 온전히 나만의 공간인 집에서 나를 위한
홈 카페를 즐기고 싶은 사람들에게 이 책이 작은 도움이 되었으면 한다.

박현선

커
피
용
어

그라인딩 grinding	원두를 분쇄하는 과정
에스프레소 espresso	곱게 갈아 압축한 원두를 뜨거운 압력으로 뽑아내는 커피
크레마 crema	에스프레소 추출 시 표면에 갈색 빛을 띠는 크림
샷 shot	에스프레소 추출 단위(에스프레소 1샷, 2샷)
라떼 latte	우유를 넣은 음료
마끼아토 macchiato	'점', '얼룩'이라는 뜻의 이탈리아 어로 크레마에 우유 거품이 가운데 점처럼 찍힌 음료
스팀밀크 steam milk	우유에 수증기를 넣어 부드러운 거품을 만들면서 데운 우유
드리즐 drizzle	카라멜 소스나 파우더 등을 음료 위에 모양을 내 뿌려주는 것
바디감 body	커피가 입안에서 주는 묵직함 또는 무게감
아로마 aroma	원두를 추출했을 때 맡을 수 있는 커피 고유의 향

일
러
두
기

- 에스프레소 1샷은 30ml를 기준으로 한다.

- 에스프레소 추출은 원두의 굵기, 양, 물의 온도 등에 따라 다양한 맛이 나기 때문에 여러 번 실험해 본인의 취향에 맞춘다.

- 음료에 들어가는 우유와 물의 양은 잔의 크기나 입맛에 따라 조절한다.

- 데운 우유는 스팀밀크, 차가운 우유는 우유로 표기한다.

- 아이스 음료에는 시원한 물을, 따뜻한 음료에는 뜨거운 물을 사용한다.

- 장식으로 사용한 허브 잎은 원하는 허브로 변경 가능하며, 건조 허브는 사용하지 않는다.

- 허브와 파우더 계량 중 '약간'의 양은 플레이팅 용도로 소량 사용하는 것이므로 생략할 수 있다.

- 과일 슬라이스는 세척한 과일을 사용한다. 과일을 껍질째 베이킹소다나 굵은 소금으로 문질러 닦는다. 식초물에 잠시 담갔다가 흐르는 물로 헹구고, 물기를 제거한 과일을 얇게 잘라 사용한다.

모
카
포
트

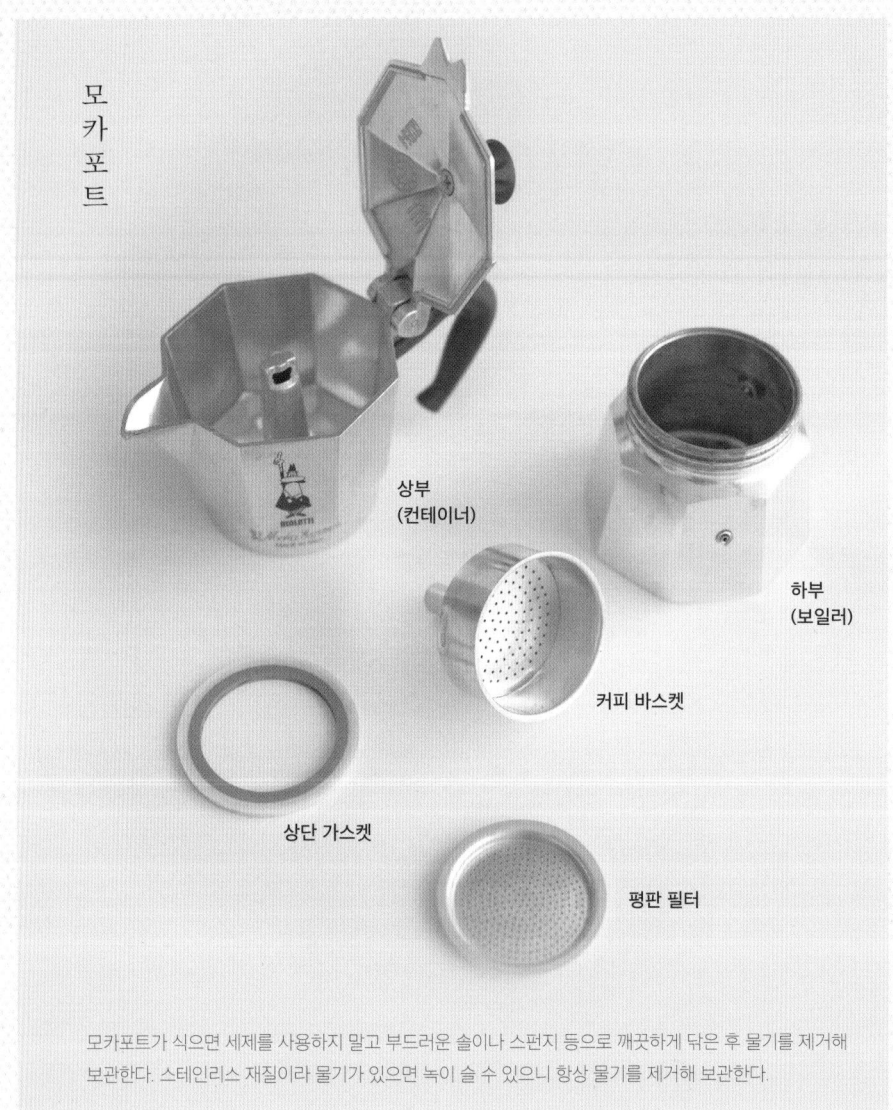

상부
(컨테이너)

하부
(보일러)

커피 바스켓

상단 가스켓

평판 필터

모카포트가 식으면 세제를 사용하지 말고 부드러운 솔이나 스펀지 등으로 깨끗하게 닦은 후 물기를 제거해 보관한다. 스테인리스 재질이라 물기가 있으면 녹이 슬 수 있으니 항상 물기를 제거해 보관한다.

'모카포트'는 끓는 물의 증기압을 이용하여 에스프레소를 추출하는 이탈리아 전통 직화식 커피포트다. 모카포트는 가스레인지나 인덕션의 열로 압력을 만들어 추출하기 때문에 가정에서 사용하기 편리하다. 에스프레소를 간단하게 추출할 수 있어 초보자에게 추천한다. 모카포트는 1~6인용 등 용량이 다양하니 원하는 크기를 선택한다.

1   원두를 파우더처럼 곱게 갈거나, 원두를 구매할 때 모카포트용으로 갈아달라고 한다.
2   모카포트 몸체를 돌려 위와 아래를 분리한다. 분리된 보일러에 안전벨브 바로 밑까지 찬물을 넣는다.
3   동그란 커피 바스켓에 원두가루를 가득 채운다.
4   스쿱을 이용하여 가볍게 눌러 평평해지도록 다진다.
5   원두가루를 담은 커피 바스켓은 물을 채운 보일러 위에 놓아 장착한다.
6   상부(컨테이너)와 하부(보일러)를 결합한다. 결합할 때 꽉 돌려 닫아 압이 새어나가지 못하게 한다.
7   가스레인지에 올려놓고 중불로 맞춘 다음 뚜껑을 열어 놓는다.
8   끓는 소리가 나면서 에스프레소가 추출된다.
9   커피 추출이 끝나면 에스프레소를 잔에 따른다. 모카포트가 뜨거우니 주의한다.

카 플 라 노 컴 프 레 소

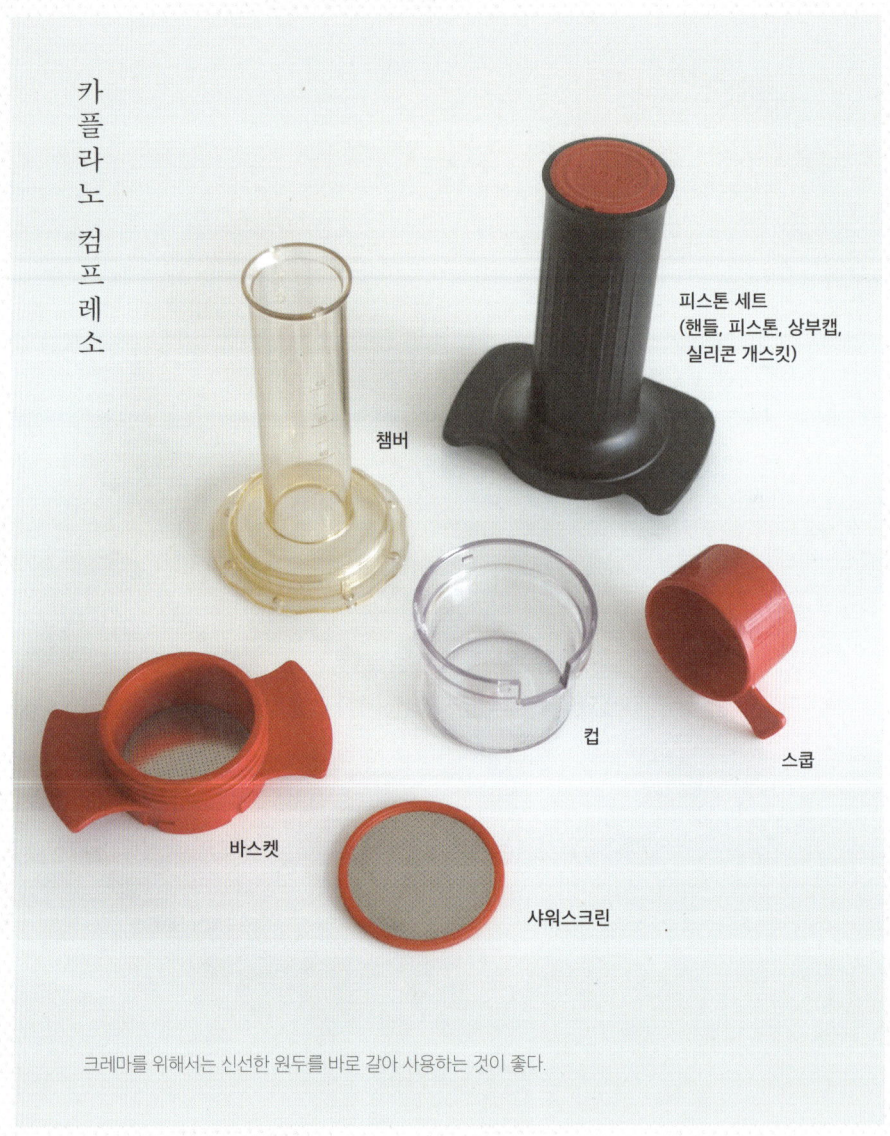

챔버

피스톤 세트
(핸들, 피스톤, 상부캡,
실리콘 개스킷)

컵

스쿱

바스켓

샤워스크린

크레마를 위해서는 신선한 원두를 바로 갈아 사용하는 것이 좋다.

주사기 모양과 비슷한 '카플라노 컴프레소'는 공기 압력을 이용하기 때문에 풍부한 크레마가 있는 에스프레소를 추출하기 좋은 도구이다. 뜨거운 물과 분쇄된 원두만으로 머신에서 추출하는 맛과 같은 에스프레소 추출이 가능하며, 실내뿐 아니라 야외에서도 사용하기에 편리한 도구이다.

1 원두를 파우더처럼 곱게 갈아 준비한다.

2 바스켓에 원두를 채운다.

3 스쿱을 뒤집어 바스켓 위에 두고 원두가 평평하게 펴지도록 한다.

4 손바닥 힘을 이용에 꾹 누른다.

5 샤워스크린을 챔버 하단에 끼운 뒤, 바스켓과 결합한다.

6 챔버를 끼운 바스켓을 컵에 장착한다.

7 챔버에 뜨거운 물 70ml를 담는다.

8 피스톤 세트를 챔버에 끼운 후 20초간 천천히 압력을 가하며 누른다.

9 크레마가 가득한 에스프레소가 추출된다.

핸
드
드
립

드리퍼

서버

종이필터

'핸드 드립'은 필터에 커피를 담고, 뜨거운 물을 천천히 부어 추출하는 방식으로 종이필터에 잡미가 걸러져 깔끔한 맛의 커피가 추출된다. 추출되는 양과 맛이 에스프레소와 다르기 때문에 핸드드립 커피 자체를 음미하거나 우유를 넣어 마신다.

1   원두 20g을 중간 굵기로 갈아 준비한다.

2   드리퍼에 종이필터(여과지)를 끼우고 서버에 장착한 후 뜨거운 물을 적당량 부어 드리퍼와 서버를 따뜻하게 데우는 린싱(Rinsing)을 한다. 린싱을 하면 드리퍼와 서버의 온도를 끌어올려 맛과 향이 풍부해지고 종이필터의 종이 맛이 사라진다.

3   서버에 담긴 물을 버리고 드리퍼에 끼운 종이필터에 분쇄한 원두를 넣는다.

4   원두를 넣은 후 드리퍼 측면을 살짝 두드려 원두가루의 표면이 평평하도록 만든다.

5   소량의 뜨거운 물을 중앙에서 시작해 바깥으로 시계 방향을 그리며 천천히 얹어주는 느낌으로 붓는다.

6   원두 중심이 동글게 부풀어 오르면 그대로 30초 정도 뜸을 들인다.

7   중심에서 바깥 방향으로 원을 그리며 물이 똑똑 떨어질 정도로 천천히 1차 추출을 한다.

8   7과 같이 중심에서 원을 그리며 3차 추출까지 한다. 1차에서 3차로 가면서 물줄기를 굵게 한다.

9   서버에 커피가 150ml~200ml이 되면 물 붓기를 멈추고 드리퍼를 내려놓고 서버에 담긴 커피를 잔에 따른다.

더치커피 만들기

'더치커피'는 찬물 또는 상온의 물을 이용하여 천천히 우려낸 커피이다.
오랜 시간에 걸쳐 추출하기 때문에 뜨거운 물로 짧은 시간 추출한 일반 커피보다
쓴맛이 덜하며 순하고 부드러운 풍미를 느낄 수 있다. 카페에서는 더치커피용
전문도구를 이용해 더치커피를 내리지만, 가정에서도 간편하게 더치커피를 만드는
방법을 소개한다.

1   더치커피용 팩 혹은 육수 팩에 원두가루 100g을 넣고 입구를 봉한다.

2   유리 밀폐용기에 원두가루를 넣은 팩과 차가운 물 500ml를 넣고 냉장 보관한다.

3   5시간 정도 후 원두 팩을 꺼낸 후 냉장 보관하여 마신다.

4   더치커피 원액을 마시는 것보다 입맛에 따라 물, 얼음 또는 우유나 시럽을 타서 시원하게 마시면 좋다.

tip. 냉장 보관하고 1개월 이내로 마신다.

스팀밀크

1   밀크팬이나 작은 냄비에 우유를 넣고 약한 불로 65℃까지 데운 후 불을 끄고 우유를 피처로 옮겨 붓는다.

2   **피처를** 살짝 기울여 전동 거품기로 30초간 거품을 낸다.

3   우유를 커피에 부을 때는 거품 1스푼을 떠 커피에 살짝 올린 후에 우유를 붓고, 남은 거품은 봉긋하게 스팀밀크
    위에 얹는다.

휘핑크림

1   생크림 150g에 설탕 1스푼 반을 넣고 전동 거품기로 휘핑한다.

2   살짝 되직한 상태가 되면 냉장실에 넣어 차갑게 보관한 후 커피에 올려 마신다. 차갑고 되직할수록 크림이
    천천히 녹아서 커피와 분리된 상태로 오래 있다.

tip. 기호에 따라 설탕을 가감해 단맛을 조절한다.

좋아하는 과일이나 신선한 제철 과일을 활용해 과일청을 담가 놓으면 과일 라떼, 에이드, 따뜻한 차 등 여러 음료를 취향껏 만들 수 있다. 과일청은 냉장고에서 이틀 정도 숙성시킨 후 사용해야 맛이 좋다.

유리병 소독

1   과일청을 담을 투명한 유리병을 준비한다.

2   냄비에 차가운 물을 담고 유리병을 함께 넣은 후 중약불로 불을 맞춘다. 이때 차가운 물이 아닌 끓는 물에 유리병을 넣으면 깨질 수 있으니 주의한다(고무패킹이 있는 뚜껑은 삶지 않는다).

3   유리병에 수증기가 가득 차고 보글보글 끓으면 2~3분가량 더 끓인 후 불을 끈다.

4   유리병이 뜨거우니 집게를 이용해 유리병을 꺼낸 후, 천을 깔고 그 위에다가 유리병을 놓고 한 김 식힌 다음 물기가 없는 상태에서 사용한다.

레몬청

1   레몬 표면을 굵은 소금으로 박박 문질러 닦은 뒤 찬물로 씻는다.

2   베이킹소다와 식초를 이용해 레몬 표면이 뽀드득 소리가 날 때까지 씻는다.

3   레몬 표면에 묻어 있는 물기를 제거한 뒤 레몬을 0.5cm로 얇게 슬라이스하고 씨를 제거한다. 씨를 제거하지 않으면 쓴맛이 난다.

4   소독한 유리병에 슬라이스한 레몬과 설탕을 1:1 비율로 차곡차곡 쌓는다.

5   남은 공간은 설탕으로 덮어주고 뚜껑을 닫아 밀봉한다.

상큼한 과일청 만들기

딸기청

1   딸기 꼭지를 제거한 후에 큰 바스켓에 딸기를 담고 딸기가 잠길 정도로 물을 붓는다.

2   딸기가 담긴 물에 식초 2스푼과 소금 1스푼을 넣고 휘휘 저어준 다음 빠르게 헹군다.

3   헹궈낸 딸기는 채반에 받쳐 최대한 물기를 제거한다.

4   딸기를 일정한 간격으로 세로 썰기한다.

5   소독한 유리병에 슬라이스한 딸기와 설탕을 1:1 비율로 차곡히 쌓는다.

6   남은 공간은 설탕으로 덮어주고, 뚜껑을 닫아 밀봉한다.

라임청

1   라임 표면을 굵은 소금으로 박박 문질러 닦은 뒤 찬물로 씻는다.

2   베이킹소다와 식초를 이용해 라임에서 뽀드득 소리가 날 때까지 씻는다.

3   라임을 0.5cm로 얇게 슬라이스한다.

4   소독한 유리병에 슬라이스한 라임과 설탕을 1:1 비율로 차곡차곡 쌓는다.

5   남은 공간은 설탕으로 덮어주고, 뚜껑을 닫아 밀봉한다.

오렌지청

1   큰 바스켓에 오렌지를 담고 베이킹소다 2스푼과 식초 1스푼을 넣고 오렌지 표면을 깨끗하게 씻는다.

2   세척한 오렌지를 뜨거운 물에 담가 살짝 굴린 다음 뺀다.

3   오렌지 양쪽 꼭지를 자르고 가운데 심지를 제거한다.

4   오렌지를 0.5cm 크기로 일정하게 슬라이스한 다음, 반으로 잘라 반달 모양으로 만든다.

5   소독한 유리병에 슬라이스한 오렌지와 설탕을 1:1 비율로 차곡히 쌓는다.

6   남은 공간은 설탕으로 덮어주고, 뚜껑을 닫아 밀봉한다.

자몽청

1 큰 바스켓에 자몽을 담고 베이킹소다 2스푼과 식초 1스푼을 넣고 자몽 표면을 깨끗하게 씻는다.

2 물기를 닦고 자몽의 두꺼운 껍질을 제거한다.

3 겉껍질을 제거한 뒤에 자몽 알맹이를 감싸고 있는 하얀 속껍질도 제거한다. 하얀 껍질을 제거하지 않으면 자몽의 쓴맛만 남기 때문에 속껍질 안에 있는 알맹이만 사용한다.

4 유리병에 자몽 알맹이와 설탕을 1:1 비율로 차곡히 쌓는다.

5 남은 공간은 설탕으로 덮어주고, 뚜껑을 닫아 밀봉한다.

사과청

1 사과에 베이킹소다를 뿌리고 표면을 박박 문질러 닦은 뒤, 식초 1과 물 10의 비율로 섞은 식초물에 2분 정도 담갔다가 흐르는 물로 꼼꼼히 씻는다.

2 사과를 반으로 잘라 가운데 씨를 제거하고 0.5cm 크기로 일정하게 슬라이스한다.

3 유리병에 슬라이스한 사과와 설탕을 1:1 비율로 차곡차곡 쌓는다.

4 남은 공간은 설탕으로 덮어주고, 뚜껑을 닫아 밀봉한다.

체리청

1 큰 바스켓에 체리를 담고 베이킹소다 2스푼과 식초 1스푼을 넣고 체리의 표면을 깨끗하게 씻는다.

2 체리의 꼭지를 제거한 뒤, 반으로 잘라서 씨를 제거한다.

3 소독한 유리병에 반으로 자른 체리와 설탕을 1:1 비율로 차곡차곡 쌓는다.

4 남은 공간은 설탕으로 덮어주고, 뚜껑을 닫아 밀봉한다.

나른한 시간을 함께

#1　　　　낮잠을 한숨 자고 일어나니 나른한 오후가 되었다. 이불 속에서
뭉그적거리다 커피 생각에 갑자기 벌떡 일어났다. 왠지 이대로 더 자다간
저녁이 될 것만 같아서 후다닥 커피를 내렸다. 커피를 마셔야 비로소 온전히
잠에서 깬 느낌이랄까. 평소에는 진한 에스프레소를 즐기지 않지만, 나른한
오후가 되면 진한 에스프레소가 저절로 생각난다.

원두에 따라 다르긴 하지만 갓 내린 에스프레소를 한 모금 마시면 진한
초콜릿과 같은 깊은 감미로운 맛이 느껴진다. 에스프레소 그 자체로도
훌륭하지만 크림을 살짝 얹어 콘파냐로 즐기기도 하는데, 에스프레소의
쌉싸름한 맛과 달콤한 크림의 조화가 환상적이다. 무엇보다도 빠르게 에너지를
충전해 주어서 점심 후 마시면 굉장히 만족스럽다. 처음 접하기엔 조금 강할
수도 있는 에스프레소. 크림이나 샷의 양을 조절해 나에게 맞는 에스프레소를
찾아보자. 잘 내려진 크레마가 가득한 에스프레소를 접하게 된다면 그 매력에
충분히 빠질지도 모른다.

#2　　　　아직은 아침저녁으로 공기가 조금 차갑지만, 두툼한 겨울 코트를
입을 만큼은 아닌 것 같아서 코트를 살짝 넣어두고 봄 재킷과 트렌치코트를
꺼내놓았다. 겨울 동안 살이 좀 올랐는지, 봄 재킷이 너무 딱 맞는 것 같아
속상함에 잠시 다이어트를 결심하면서 몸을 좀 움직여볼까 싶어 한바탕 옷장을
정리했다. 개운한 마음으로 옷 정리를 마치고 침대에 누우니 어제 외출하면서
사 온 치즈케이크가 생각났다. 설레는 마음으로 치즈케이크를 식탁 위에
올려놓고 찬장을 열었다.

커피를 내리기 전에 항상 찬장을 열어 잔을 먼저 고르는 습관이 있다.
오늘 기분과 상황에 어울리는 잔을 선택하고 그 다음 어떤 커피가 좋을지
상상하고는 한다. 봄이 왔으니 뜨거운 스팀밀크는 잠시 넣어두고 시원한
커피가 좋겠다 싶어, 좋아하는 밑이 동그스름한 아이스 잔을 꺼내 들었다.
모카포트에 커피를 끓이는 사이, 미리 얼려놓은 얼음을 꺼내 컵에 데구르르
굴려본다. 기분 좋은 얼음 소리를 들으며 에스프레소가 추출되기를 기다린다.
겨우내 갑갑한 히터 속에 뜨거운 커피를 마시다가 시원한 얼음 소리와 함께
아이스 라떼를 만들어 마시니 이렇게 시원할 수가 없다.
꾸덕한 치즈케이크를 한입 넣고 커피 한 모금을 마시니, 환상적인 맛에
다이어트는 살짝 미뤄본다. 여름은 아직 멀리 있는 것 같으니까!

(Cafe 1)

에스프레소

에스프레소 1샷

1   커피의 향이 진하게 풍겨 나오도록 뜨거운 물을 부어두어 잔을 따뜻하게 준비한다.

2   커피 추출 도구로 에스프레소 1샷을 내린다.

3   에스프레소 1샷을 잔에 붓는다.

4   크레마를 유지한 상태에서 빠르게 마신다.

5   기호에 따라 설탕이나 시럽을 첨가한다.

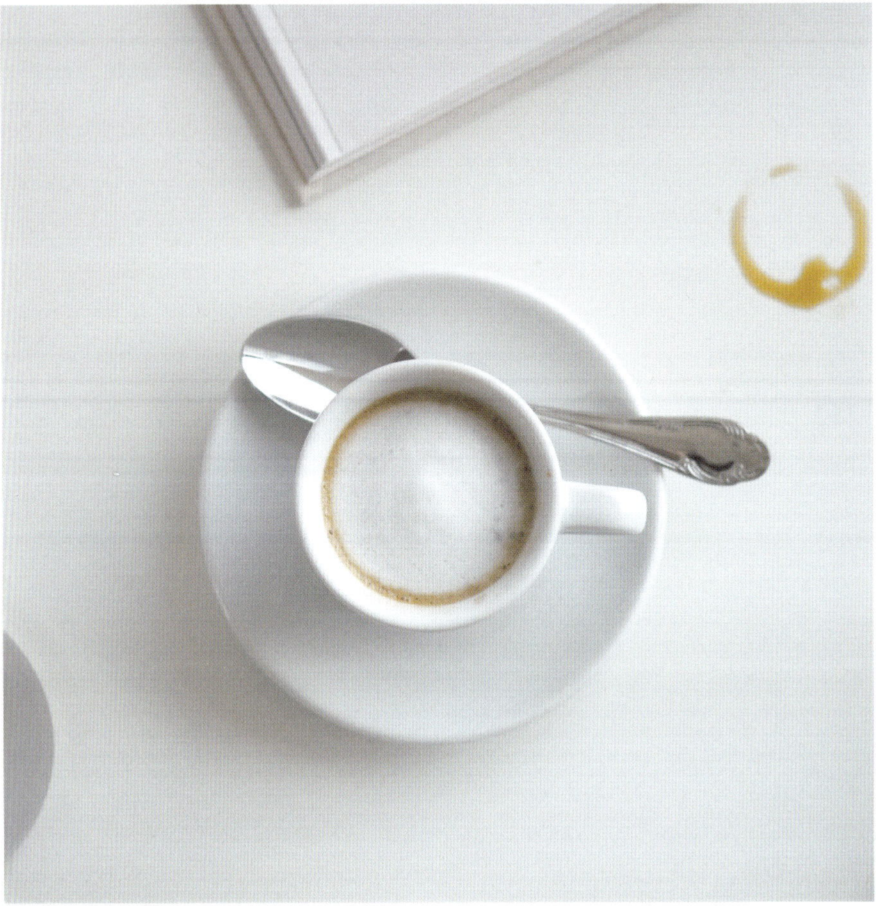

Cafe 2

에스프레소 마끼아토

에스프레소 1샷, 스팀밀크 20ml

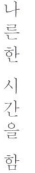

1   따뜻하게 데운 잔에 에스프레소 1샷을 붓는다.
2   에스프레소 중앙에 스팀밀크를 천천히 붓는다.
3   스팀밀크의 부드러운 거품을 에스프레소 위에 살짝 올린다.

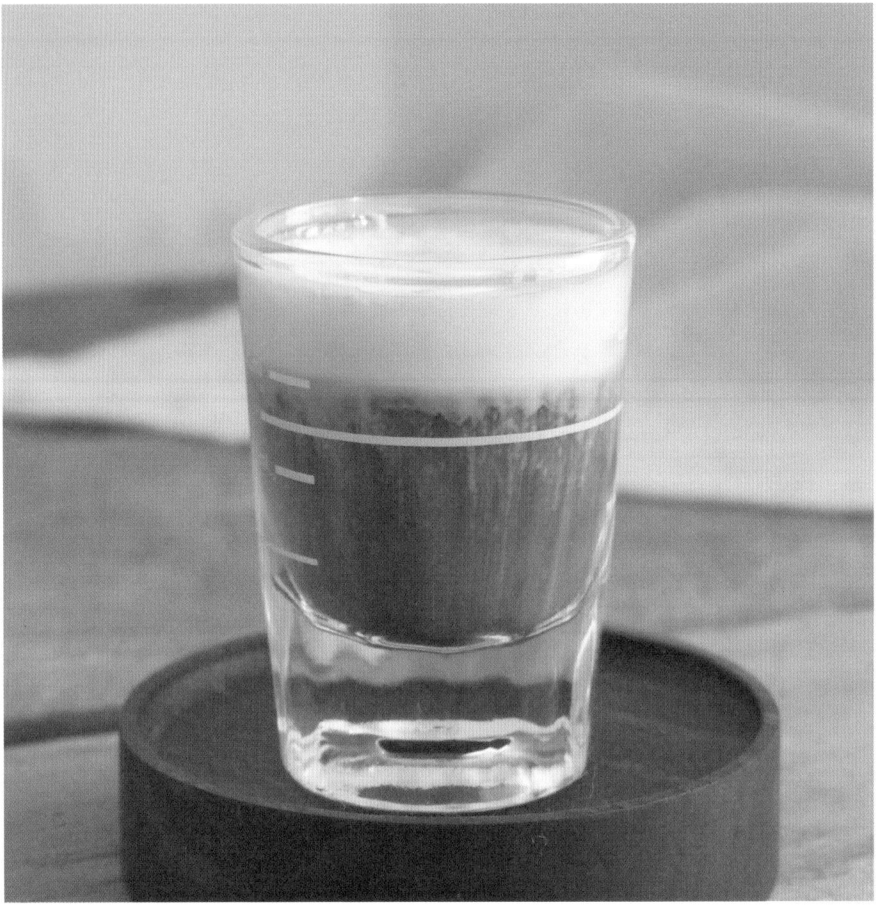

Cafe 3

에스프레소 콘파냐

에스프레소 1샷, 휘핑크림 20ml

1   따뜻하게 데운 잔에 에스프레소 1샷을 붓는다.

2   휘핑크림을 얹는다.

3   취향에 따라 설탕이나 시럽을 첨가한다.

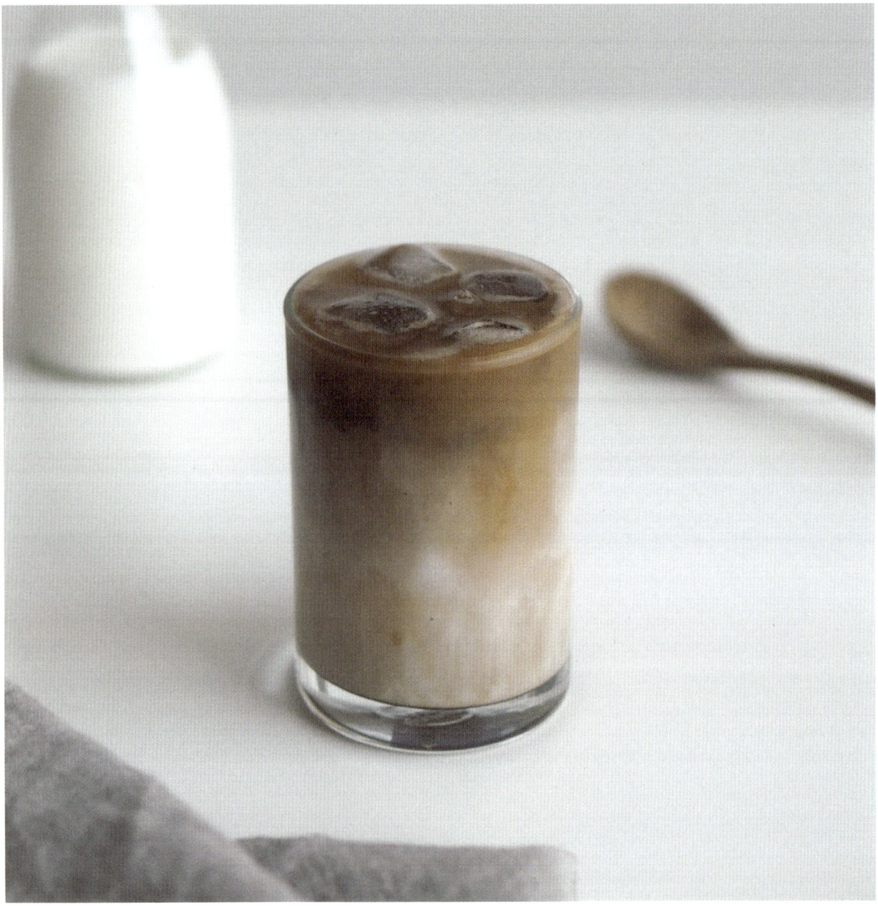

Cafe 4

아이스 더블샷

에스프레소 2샷, 우유 120ml, 얼음 적당량

1　유리잔에 얼음을 채우고 우유를 붓는다.

2　에스프레소 2샷을 붓는다.

3　마실 때 우유와 에스프레소를 잘 섞는다.

(Cafe 5)

아이스 카페 라떼

에스프레소 1샷, 우유 100~130ml, 얼음 적당량

1   유리잔에 얼음을 채운다.

2   얼음 위에 우유를 붓는다.

3   에스프레소 1샷을 우유 위에 천천히 부어 자연스러운 그라데이션을 만든다.

(Cafe6)

아이스 카푸치노

에스프레소 1샷, 우유 200ml, 얼음 적당량

1 유리잔에 얼음을 채운 뒤 우유 100ml를 붓는다.

2 밀크 포머나 전동 거품기를 이용해 남은 우유 100ml로 고운 거품을 만든 후, 우유 위에 얹는다.

3 에스프레소 1샷을 천천히 부으면 우유와 우유 거품 사이에 에스프레소가 들어간다.

4 기호에 따라 시나몬 파우더나 초코 파우더를 소량 뿌린다.

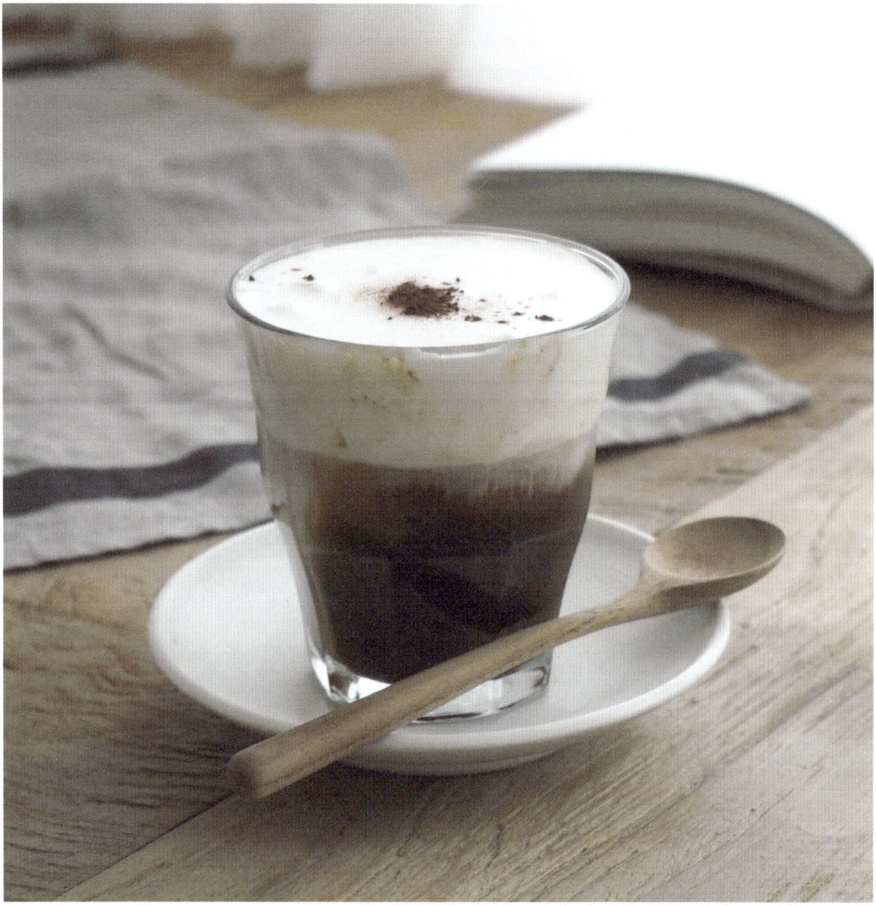

Cafe 7

더치크림 라떼

더치커피 30ml, 휘핑크림 50ml, 얼음 적당량

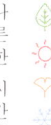

1 　유리잔에 얼음을 채운다.

2 　더치커피를 천천히 붓는다.

3 　휘핑크림을 얹어 마무리한다. 기호에 따라 초코 파우더를 뿌린다.

말차크림 라떼

에스프레소 1샷, 말차 가루 5g, 휘핑크림 50ml, 물 80ml, 얼음 적당량

1   유리잔에 얼음을 채운 뒤 물을 넣는다.

2   에스프레소 1샷을 천천히 붓는다.

3   소량의 뜨거운 물에 말차 가루 5g을 넣어 저어가며 녹인 후, 휘핑크림에 섞어 말차크림을 만든다.

4   3의 말차크림을 에스프레소 위에 천천히 얹는다.

Cafe9

카페 쓰어 다 베트남 커피

커피 가루 20g, 연유 20g, 뜨거운 물 100ml, 얼음 적당량

 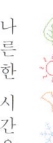
1   유리잔에 연유를 붓고 얼음을 채운다.

2   유리잔 위에 커피 추출 도구 '핀pin'을 얹은 뒤 커피 가루를 넣고 뜨거운 물을 부어 커피를 내린다.

3   마실 때 연유와 커피를 잘 섞는다.

tip. 커피 가루는 '모카포트', '더치분쇄'용으로 준비한다.

피
크
닉

가
기

좋
은

날

점점 따뜻해지는 날씨에 몸과 기분이 나른해지지만 늘 그렇듯 봄은 유난히
짧게만 느껴진다. 살랑살랑 불어오는 봄바람이 좋아 주말이면 부지런히 밖으로
나가고 만다. 봄의 외출은 마치 피크닉을 가는 것 같기도 하다. 피크닉이라고는
하지만 그저 따사로운 햇볕과 봄바람을 느끼며 누워 있다가 오는 정도랄까.
나무 밑, 그늘에 누워 바라보는 하늘이 참 예쁜 요즘이다.

오늘은 사람들이 잘 찾지 않는 한적한 공원을 찾아가기로 했다.
알록달록한 과일과 빵을 챙기고 피크닉과 어울리는 상큼한 과일주스를
종류별로 만들어 테이크아웃 용기에 담았다. 돗자리, 담요, 스피커,
책, 노트북, 카메라, 음료… 가지고 갈 짐을 보니 1박 2일 캠핑 가는
수준이지만 하나라도 빠뜨리면 또 아쉬운 것들이라 챙겨들고 집을
나선다. 봄은 내 삶을 더욱 느긋하고 풍요롭게 만들어주는 치유와
재충전의 계절이다.

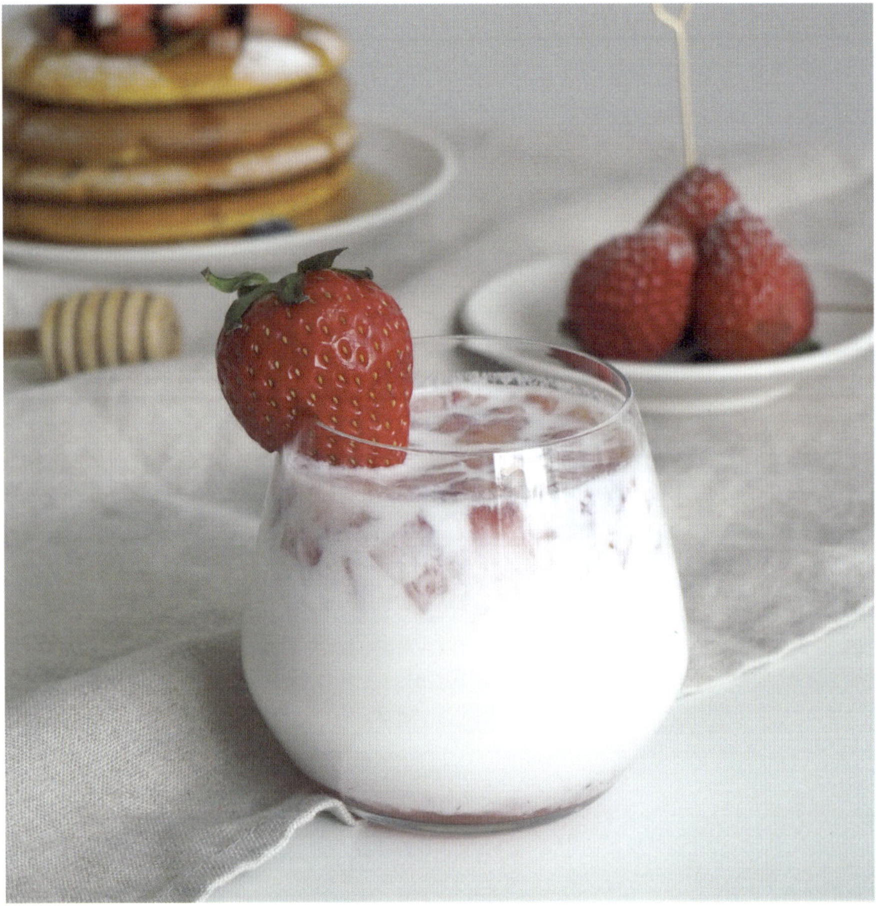

Cafe 1

딸기 라떼

딸기청 50ml, 우유 150ml, 딸기 1개

1 유리잔에 딸기청을 넣는다.

2 우유를 천천히 부으면서 딸기청과 잘 섞이도록 저어준다.

3 깨끗이 씻은 딸기 1개를 3분의 1 정도 비스듬히 칼집을 내어 잔에 끼워 장식한다.

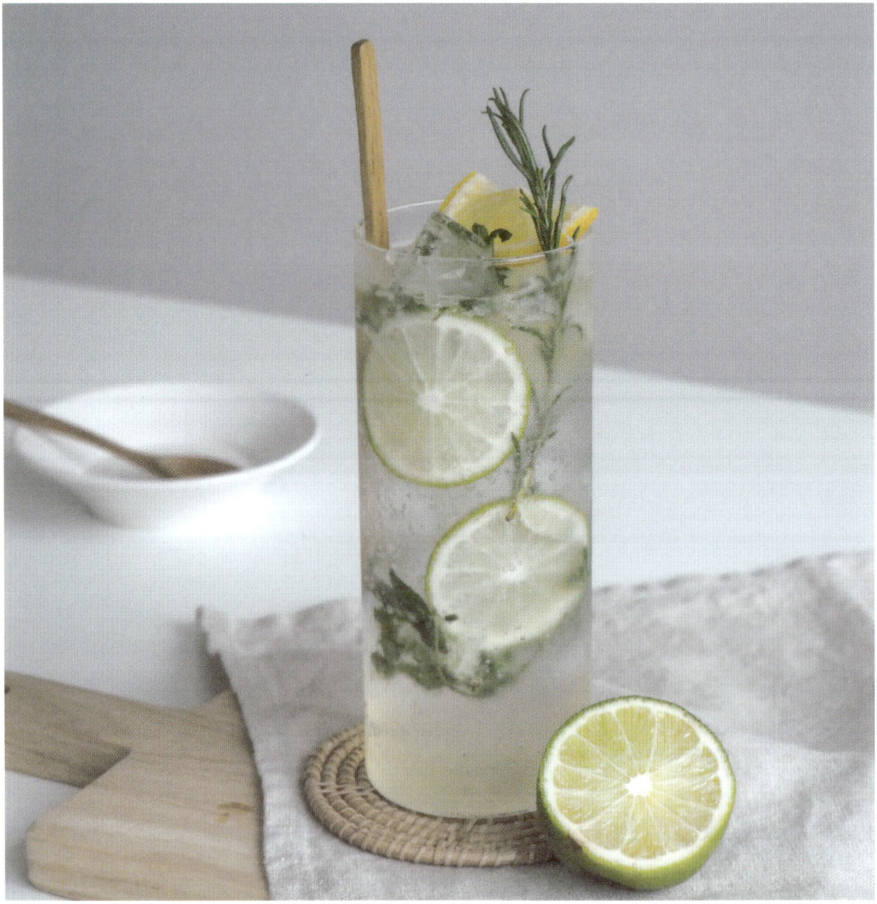

Cafe 2

라임 민트 에이드

라임 1/2개, 라임 시럽 30ml, 민트 2~3줄기,
탄산수 1잔, 얼음 적당량

1　라임은 굵은 소금이나 베이킹소다로 깨끗이 씻고, 민트는 흐르는 물에 헹군 후 물기를 제거한다.

2　투명한 유리잔에 민트 잎을 떼어 넣은 뒤 라임 시럽을 부어 잘 섞는다.

3　얼음을 채운 뒤 라임을 슬라이스로 얇게 썰어 유리잔 안에 보기 좋게 붙인다.

4　탄산수를 잔에 가득 붓는다.

tip. 민트나 로즈메리를 함께 넣어주면 허브의 산뜻한 향 덕분에 에이드가 더 상큼해진다.

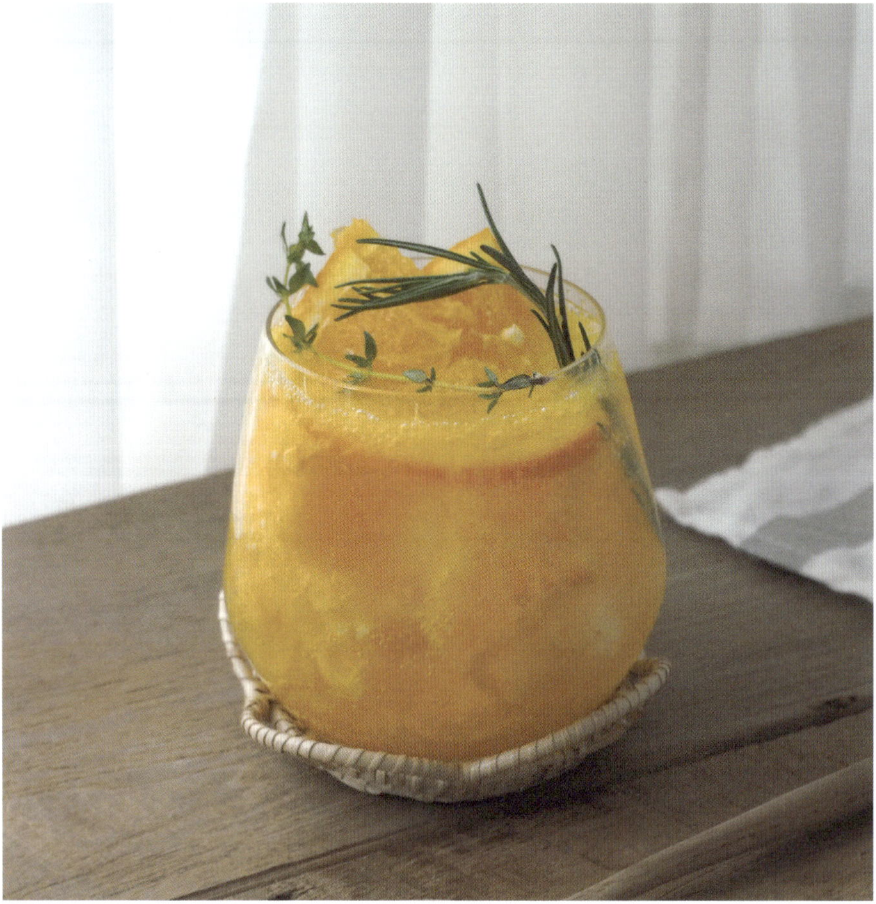

Cafe 3

오렌지 에이드

오렌지청 50ml, 오렌지 슬라이스 2개,
탄산수 1잔, 로즈메리 약간, 타임 약간, 얼음 적당량

1   유리잔에 오렌지청을 넣는다.

2   얼음을 채운 뒤 탄산수를 붓는다.

3   슬라이스한 오렌지 1개는 음료 위에 가로로 넣고, 나머지 1개는 4등분한 뒤
    음료 위에 나란히 세워서 장식한다.

4   깨끗이 씻은 로즈메리와 타임을 올려 완성한다.

자몽 에이드

자몽청 50ml, 자몽 1조각, 탄산수 1잔,
로즈메리 1줄기, 얼음 적당량

1   유리잔에 자몽청을 넣는다.
2   얼음을 채우고 깨끗이 씻은 로즈메리 1줄기를 넣는다.
3   탄산수를 가득 붓는다.
4   자몽 1조각을 유리잔 위에 얹어 마무리한다.

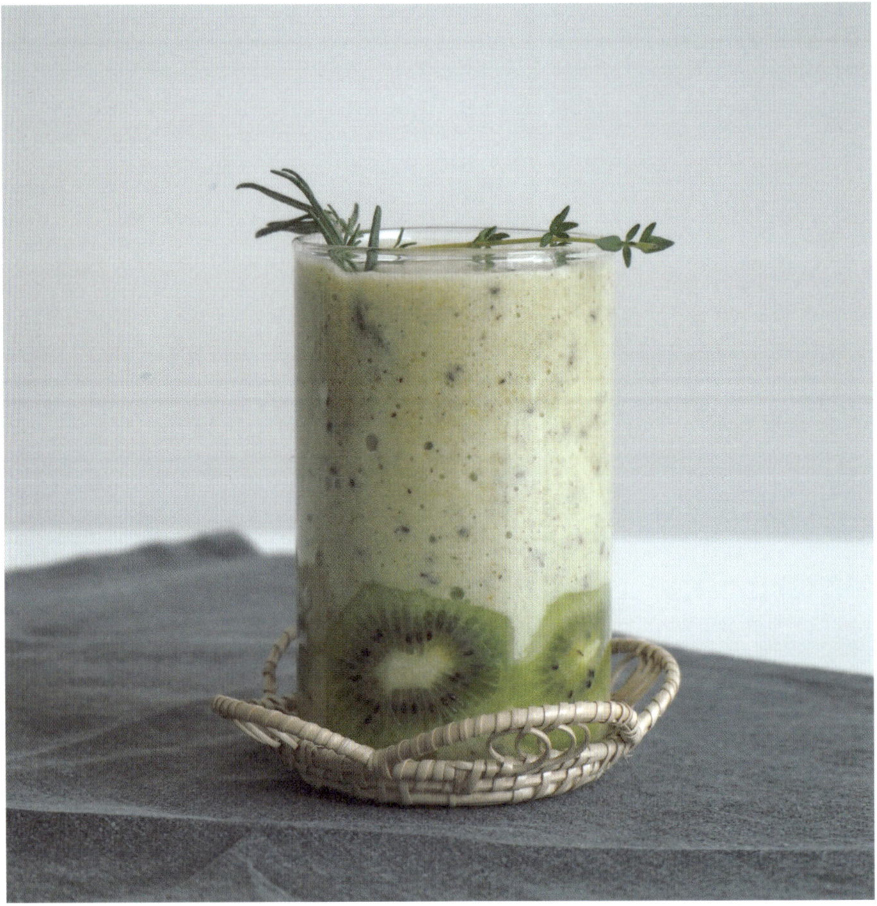

Cafe 5

키위 바나나 주스

키위 2개, 바나나 1개, 설탕 시럽 10ml, 얼음 5개

1 　키위 1개 반과 바나나 1개를 껍질을 벗겨 한입에 먹기 좋은 크기로 자른다.

2 　자른 과일을 모두 믹서기에 넣은 뒤 얼음과 설탕 시럽도 함께 넣어 곱게 갈아준다.

3 　남은 키위 반개를 슬라이스하고 유리잔 안쪽 벽에 붙여 장식한다.

4 　믹서기로 잘 갈은 과일을 유리잔에 천천히 붓는다.

5 　기호에 따라 설탕 시럽의 양을 조절해서 단맛을 조절한다.

(Cafe6)

디톡스 워터

라임 건조 과일칩, 물 100ml, 로즈메리 약간, 얼음 적당량

1   잔에 얼음을 채운다.

2   라임 건조 과일칩을 넣고 물을 부어 우려낸다.

3   상큼한 향을 위해 깨끗이 씻은 로즈메리를 넣고 마무리한다.

tip. 과일 건조칩을 따뜻한 물에서 미리 우려내 사용해도 좋다.

해
가

길
어
졌
다

#1   이제 제법 하루가 길어진 느낌이다. 엊그제만 해도 퇴근 시간이
되면 어둑어둑해 매일 야근하는 기분이었는데. 퇴근하고도 해가 있으니 몇
시간을 더 선물 받은 기분이고, 한편으로는 시간 참 안 가는 듯한 기분이 든다.
낮이 길어져서인지 오후 5시에도 해가 중천에 있어 마치 점심 먹고 시간이 얼마
지나지 않은 것 같지만, 늦은 오후라는 걸 알려주기라도 하듯 눈꼬리와 어깨가
축 처져간다. 저녁이 다가오기 때문에 카페인이 많이 들어있지 않은 음료를
골라 하루의 피로를 풀어본다.

#2   긴 장마가 시작되었다. 일기예보에서 '내일은 맑음'이라는 말을 기대해봤지만, 일주일 내내 장맛비가 계속되고 있다. 예전에는 비가 내리면 시원하다고 생각했는데 이제는 덥고 습해서 불쾌지수가 높다. 제대로 빨래를 하지 못해 꿉꿉한 빨랫감은 쌓여만 간다. 빨래를 하지 못하고 있지만 어쩐지 집안일이 하나 줄어든 기분으로 가만히 누워 책을 읽거나 쉬면서 최대한 움직이지 않고 지낸다. 이런 날씨에 외출이라도 했다간 전쟁일 테니 밖에 나가는 일도 줄이고 있다. 무더운 여름에 힘들었으니 조금은 쉬어가라는 의미로 기나긴 장마가 온 것인가 싶기도 하고, 또 누워서 빗소리를 듣고 있으면 평화로운 기분이 들곤 해서 장마가 그렇게 나빠 보이지만은 않는다.

빗소리를 들으며 스르륵 낮잠이 들었다가 갈증에 눈이 절로 떠졌다. 침대 속에서 한참을 꾸물대다 일어나 시원한 커피를 한 잔 만들어 유리잔에 담아 창가에 섰다. 창밖으로 보이는 온통 젖은 하늘과 땅을 가만히 바라보다 세상에 나 혼자인 기분이 들어 약간 서글퍼진다. 때마침 틀어놓았던 라디오에서 다행히 오늘만 지나면 길었던 장마가 끝이라고 한다. 내일은 미뤘던 빨래를 햇볕에 말려두고 다 떨어져 가는 원두와 생필품을 사러 나가야지. 오랜만에 외출할 생각을 하니 스산한 기분이 조금 사라졌다.

아이스 아메리카노

에스프레소 2샷, 물 150ml, 얼음 적당량

1   유리잔에 얼음을 채운다.

2   물을 붓는다.

3   에스프레소 2샷을 붓고 물과 잘 섞어 시원하게 마신다.

Cafe 2

큐브 라떼

에스프레소 큐브 얼음 6~7개, 우유 200ml

1   유리잔에 에스프레소 큐브 얼음을 잔 크기에 맞춰 6~7개 정도 넣는다.

2   우유를 전자레인지에 30초 정도 돌려 미지근하게 데운 후 음료 위에 천천히 부어
       에스프레소 큐브 얼음을 살짝 녹인다.

3   시간이 지날수록 에스프레소 큐브 얼음이 녹으면서 진한 라떼를 마실 수 있다.

tip. 에스프레소 큐브 얼음: 에스프레소를 여러 잔 추출한 후 한 김 식혀 얼음 틀에 부어 냉동실에서 얼린다.

Cafe 3

말차 큐브 라떼

말차 큐브 얼음 6~7개, 우유 200ml

1   유리잔에 말차 큐브 얼음을 잔 크기에 맞춰 6~7개 정도 넣는다.

2   미지근하게 데운 우유를 천천히 부어 말차 큐브 얼음을 녹여가며 마신다.

3   말차 큐브 얼음이 녹으면서 더 진한 말차 라떼를 즐길 수 있다.

tip. 말차 큐브 얼음: 말차 파우더에 우유를 소량 넣고 진하게 우려내어 얼음 틀에 부어 냉동실에서 얼린다.

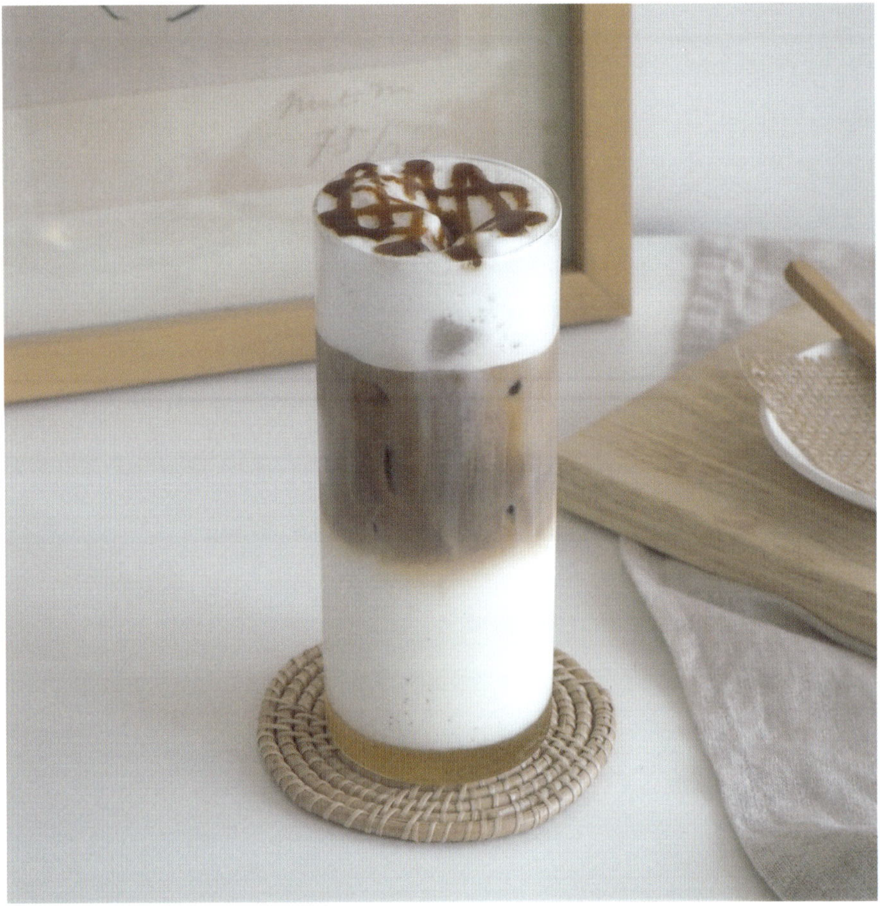

Cafe 4

아이스 카라멜 마끼아토

에스프레소 2샷, 바닐라 시럽 15ml, 카라멜 시럽 10ml,
우유 200ml, 얼음 적당량

1   유리잔에 얼음을 채운다.

2   얼음에 바닐라 시럽을 붓는다.

3   유리잔에 우유를 3분의 2 정도 채우고, 남은 우유로 고운 거품을 만들어 우유 위에 살짝 얹어준다.

4   에스프레소 2샷을 붓는다.

5   카라멜 시럽으로 드리즐해 마무리한다.

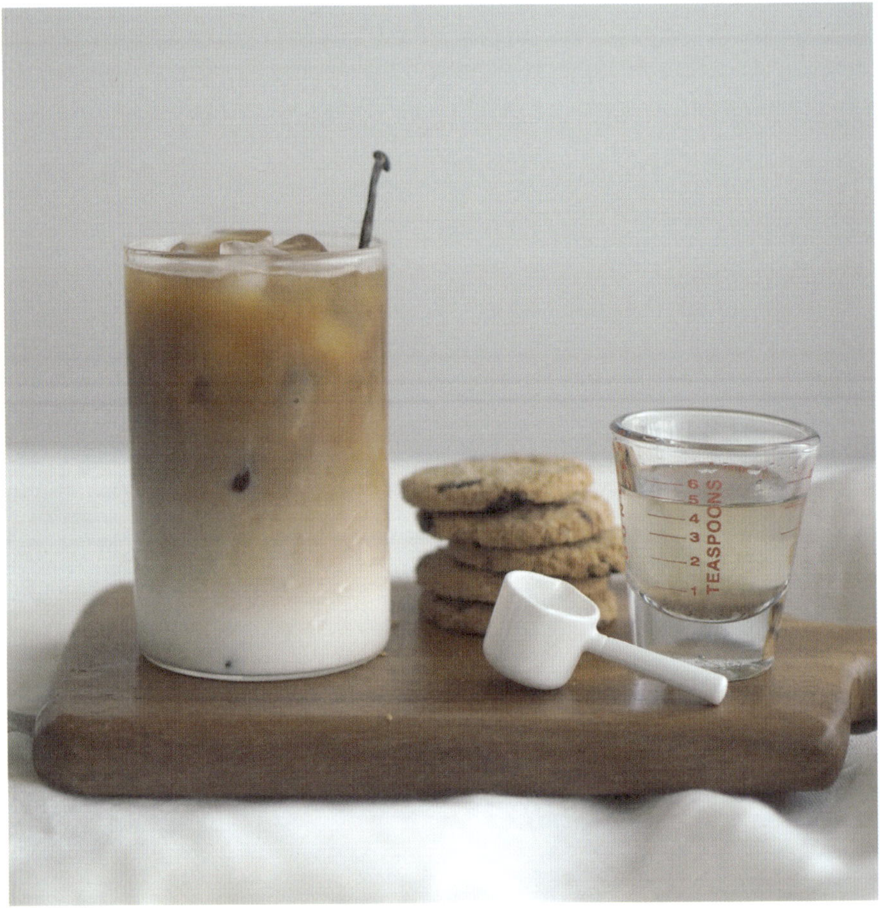

Cafe 5

아이스 바닐라 라떼

에스프레소 1샷, 우유 150ml, 바닐라 시럽 15ml, 얼음 적당량

1   유리잔에 얼음을 채운다.

2   우유를 붓는다.

3   에스프레소 1샷을 천천히 넣어 우유 층에 섞이지 않게 붓는다.

4   바닐라 시럽을 부은 뒤 잘 저어 마신다.

tip. 바닐라빈을 넣으면 바닐라의 달콤하고 진한 맛과 향을 즐길 수 있다.

아이스 그린티샷 크림

에스프레소 1샷, 그린티 파우더 30g, 우유 100ml, 휘핑크림 40ml, 얼음 적당량

1   유리잔에 얼음을 채운다.

2   우유에 그린티 파우더를 넣어 덩어리 지지 않게 잘 저은 다음 유리잔에 붓는다.

3   에스프레소 1샷을 천천히 붓는다.

4   만들어둔 휘핑크림을 올려 완성한다.

체
감
온
도
40
도

#1   푹푹 찌는 더위 때문에 점점 예민해져 불쾌지수가 나날이
최고점을 찍고 있다. 밖에서 친구나 애인을 만날 때도 몇 가지 조건을 붙여
최적화된 장소가 아니면 약속을 잡지 않겠노라 선언한 바. 추위보다 더위 참는
것을 힘들어하기에 최대한 붐비지 않고 시원하면서 쾌적한 온도를 유지하는
곳을 찾아낸다. 바로 집 근처 카페나 우리 집 홈 카페에서 자주 시간을 보낸다.

땡볕 아래 열 발자국도 걷기 힘들어 여름에는 될 수 있으면 최대한 홈 카페를 애용한다. 이럴 때 보통 카페에 있는 한정된 메뉴 외에 다양한 재료들로 나만의 홈 카페 음료 레시피를 실험하곤 한다.

처음 실험을 하게 된 계기는 의외로 단순했다. 여름에는 입맛이 대체로 뚝 떨어지기 때문에 시원한 과일을 많이 먹는 편인데 과일과 커피가 만나면 어떨까 싶어 재미 삼아 만들어본 것이 그 시작이다. 과일의 상큼함과 커피의 산미가 만나 의외의 청량함을 주었다. 이 신기한 과일 커피는 여름철 즐겨 마시는 나만의 레시피가 되었다. 지인들에게 신기한 과일 커피를 만들어주겠다며 집으로 약속장소를 정한 덕분에 땡볕을 걷거나 불쾌지수가 높아지는 일이 줄고 있다. 역시 여름엔 집이 최고다.

#2 　　　　　　　어렸을 때부터 엄마는 항상 시장에서 장을 봐오면
과일을 꼭 사오셨다. 하루도 빠짐없이 밥을 먹은 후에는 과도와
과일이 담긴 접시를 들고 텔레비전에 빠진 나와 동생 옆에 앉으셔서
부지런히 과일을 깎아주셨다. 각자 과일 한 접시를 꼭 먹게 했는데,
그땐 과일을 먹는 일이 여간 힘든 게 아니었다. 대학교에 입학하면서
혼자 살기 시작했을 때에도 엄마는 꼭 제철 과일을 택배로
보내주시곤 했다. 분명 내가 사는 동네에도 과일가게는 많은데
말이다. 깎아서 눈앞에 둬도 잘 안 먹는 성격인지라 당연히 택배로
받은 과일은 꺼내보지도 않았고 썩어서 버리기 일쑤였다.
몇 년 전까지만 해도 엄마에게 과일을 보내지 말라고 투덜거린 적도
있었지만, 지금은 사소한 거 하나까지 신경 써주고 싶어 하는 엄마의
마음이 담긴 택배라고 생각해 감사한 마음으로 받고 있다. 저 멀리
고향에서 엄마의 사랑과 마음이 아주 무거운 택배 상자에 담겨 오면
선물 상자를 받은 것처럼 기쁘다. 어린 시절의 청개구리가 어느덧
과일을 즐기고 과일청을 담는 일에 익숙해지다니, 엄마가 알게
된다면 깜짝 놀라실까 아니면 흐뭇해 하실까. 이번 주말에는 제철을
맞아 맛이 오른 산딸기를 사와야지. 새콤달콤한 산딸기청을 가득
만들어 엄마가 있는 고향 집으로 보내야겠다.

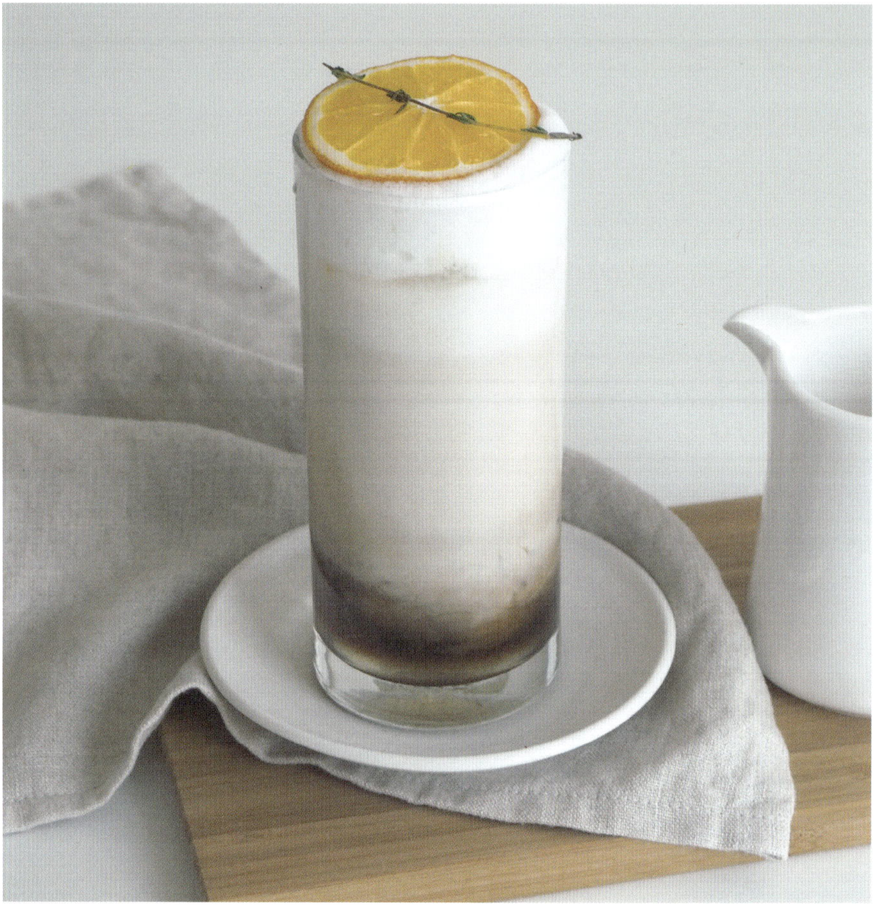

Cafe 1

오렌지 카푸치노

에스프레소 2샷, 오렌지청 15ml, 오렌지 슬라이스 1개,
우유 200ml, 얼음 적당량

1   오렌지청을 유리잔에 넣는다.

2   에스프레소 2샷을 부어 오렌지청과 섞는다.

3   잔에 얼음을 3분의 2 정도 채운다.

4   위에서 2cm 정도 남겨놓고 우유를 채운 다음, 남은 우유로 거품을 만들어 스푼으로 떠서 올린다.

5   오렌지 슬라이스 1개를 올려 장식하고 마무리한다.

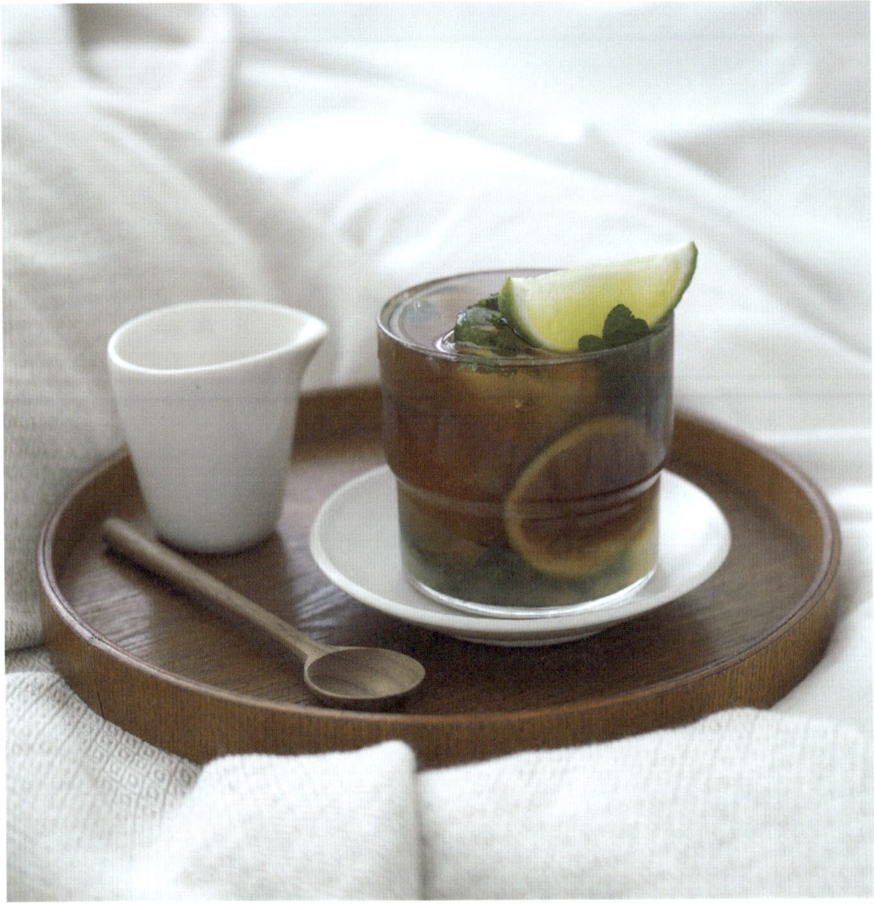

Cafe2

아이스 민트 아메리카노

에스프레소 2샷, 라임청 15ml or 라임 시럽 15ml, 라임 1개,
민트 2~3줄기, 물 80ml, 얼음 적당량

1 민트를 깨끗이 씻고 줄기에서 잎을 떼어 유리잔에 담는다.

2 얼음을 넣고 라임청이나 라임 시럽을 붓는다.

3 라임을 얇게 썰어 유리잔 벽면에 붙여 장식한 후, 물을 넣는다.

4 에스프레소 2샷을 천천히 붓는다.

5 허브 잎이나 라임 슬라이스로 장식한다.

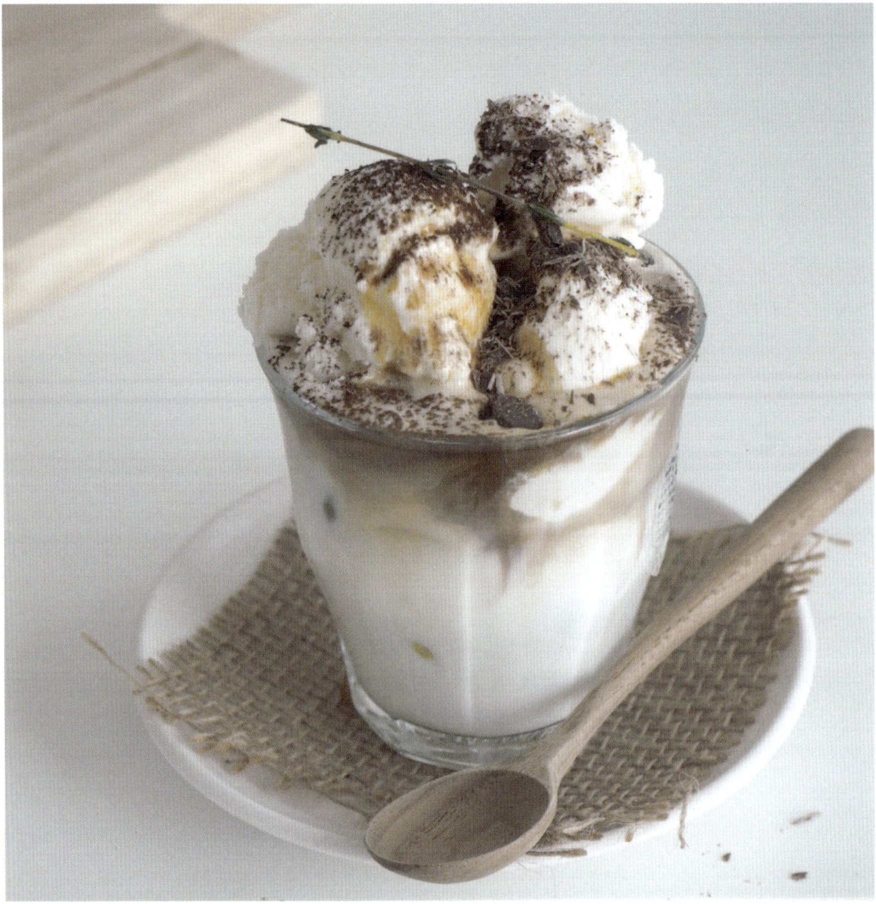

Cafe 3

썸머 라떼

에스프레소 1샷, 아이스크림 50g, 우유 100ml,
초코 파우더 약간, 얼음 적당량

1   유리잔에 얼음을 담는다.

2   아이스크림을 스쿠프로 동그랗게 퍼서 올린다.

3   우유가 아이스크림에 닿지 않도록 유리잔 가장자리 쪽으로 부어준다.

4   에스프레소 1샷을 아이스크림과 우유 위로 천천히 붓는다.

5   초코 파우더를 뿌려 장식한다.

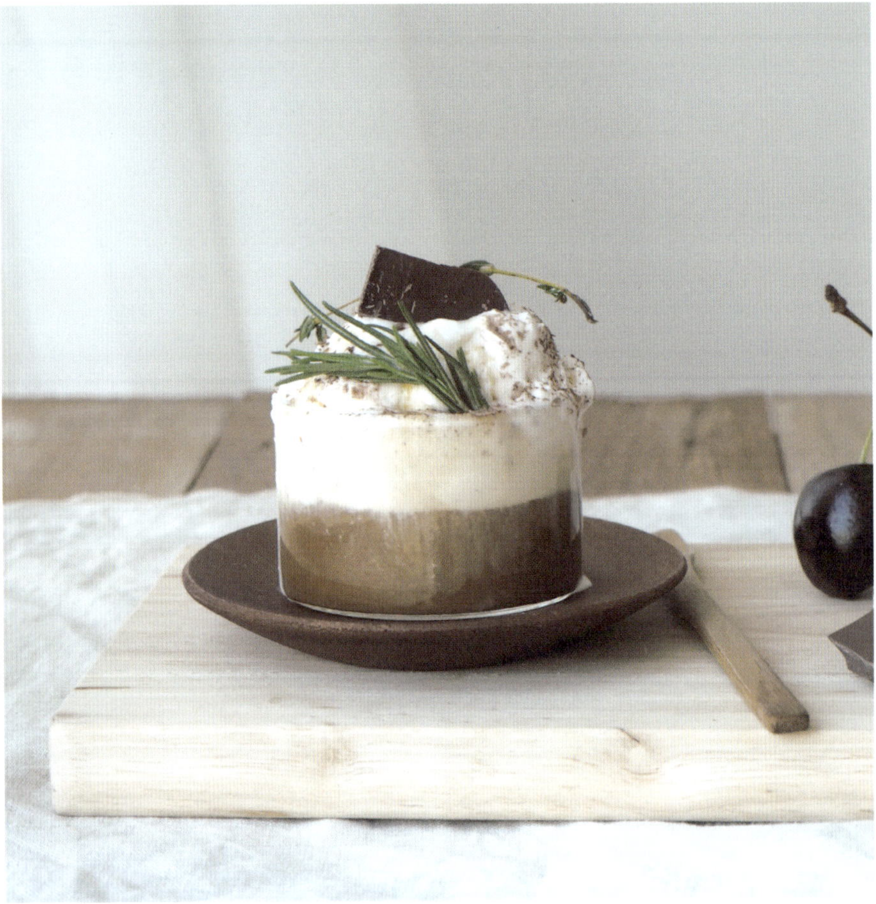

Cafe 4

아포가토

에스프레소 1샷, 아이스크림 80g, 초콜릿 1/4개, 로즈메리 약간

1   아이스크림은 스쿠프를 이용해서 동그란 모양으로 크게 만들어 유리잔에 담는다.

2   초콜릿은 그레이터강판로 작은 조각이 될 때까지 갈아 아이스크림 위에 뿌리고,
    작은 조각은 장식용으로 남겨놓는다.

3   에스프레소 1샷을 천천히 붓는다.

4   남은 초콜릿 조각과 로즈메리를 아이스크림 위에 꽂아 장식한다.

tip. 초콜릿을 갈지 않고 초코 파우더를 사용해도 좋다.

라즈베리 큐브 에이드

라즈베리 큐브 얼음 6~7개, 탄산수 1잔, 라즈베리 5~6개, 로즈메리 1줄기

1 유리잔에 미리 얼려놓은 라즈베리 큐브 얼음을 담는다.

2 로즈메리를 유리잔 안에 넣고 탄산수를 가득 붓는다.

3 라즈베리를 넣어 장식한다.

tip. 라즈베리 큐브 얼음: ① 히비스커스 분말을 따뜻한 물에 소량 희석한다.
　　　　　　　　　　　② ①의 희석액과 차가운 물을 1:3의 비율로 섞는다.
　　　　　　　　　　　③ 얼음 틀에 라즈베리를 1개씩 넣고 그 위에 ②를 부은 후 냉동실에 얼린다.

Cafe6

유자 에이드

유자청 50ml, 탄산수 1잔, 레몬 슬라이스 1개, 타임 약간, 얼음 적당량

1   유리잔에 유자청를 담는다.

2   얼음을 채운다.

3   레몬 슬라이스를 유리잔 옆면에 붙여 장식한다.

4   탄산수를 가득 붓는다.

5   타임을 올려 마무리한다.

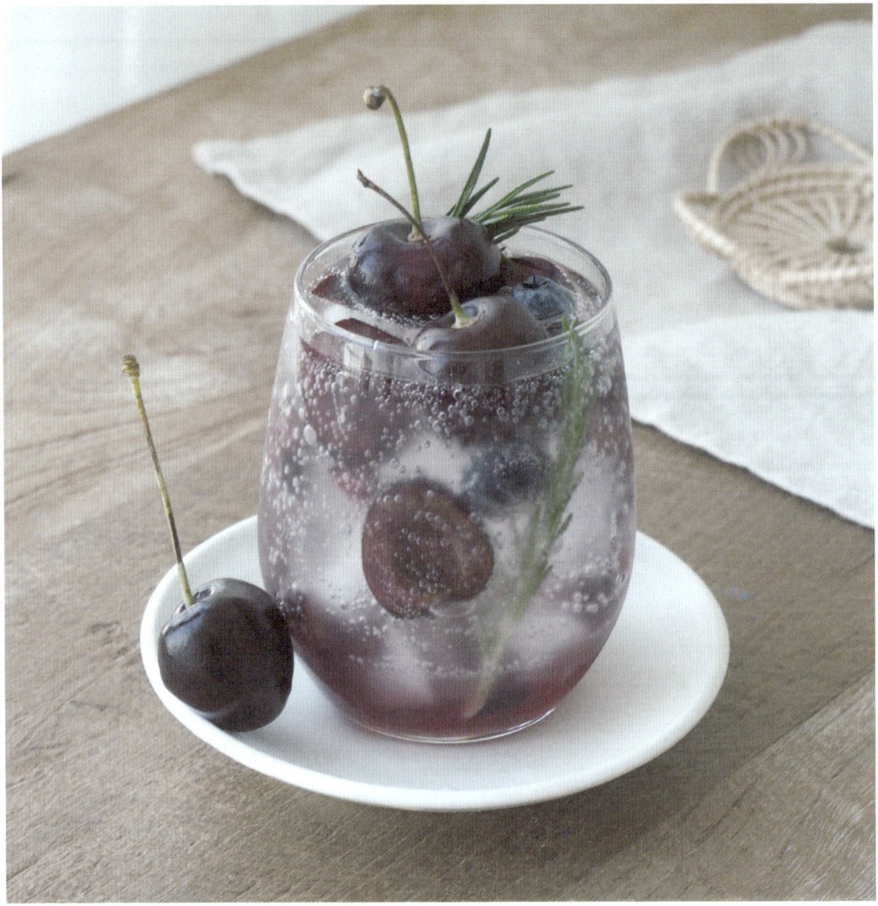

Cafe 7

체리 에이드

체리청 50ml, 탄산수 1잔, 체리 4개, 블루베리 약간,
로즈메리 1줄기, 얼음 적당량

1 　유리잔에 체리청을 붓고, 얼음을 채운다.

2 　로즈메리 1줄기를 얼음 옆에 넣고 장식한다.

3 　체리 2개를 편으로 썰어 블루베리와 함께 유리잔에 넣는다.

4 　탄산수를 가득 붓는다.

5 　남은 체리 2개를 통째로 음료 위에 얹고 로즈메리를 꽂아 마무리한다.

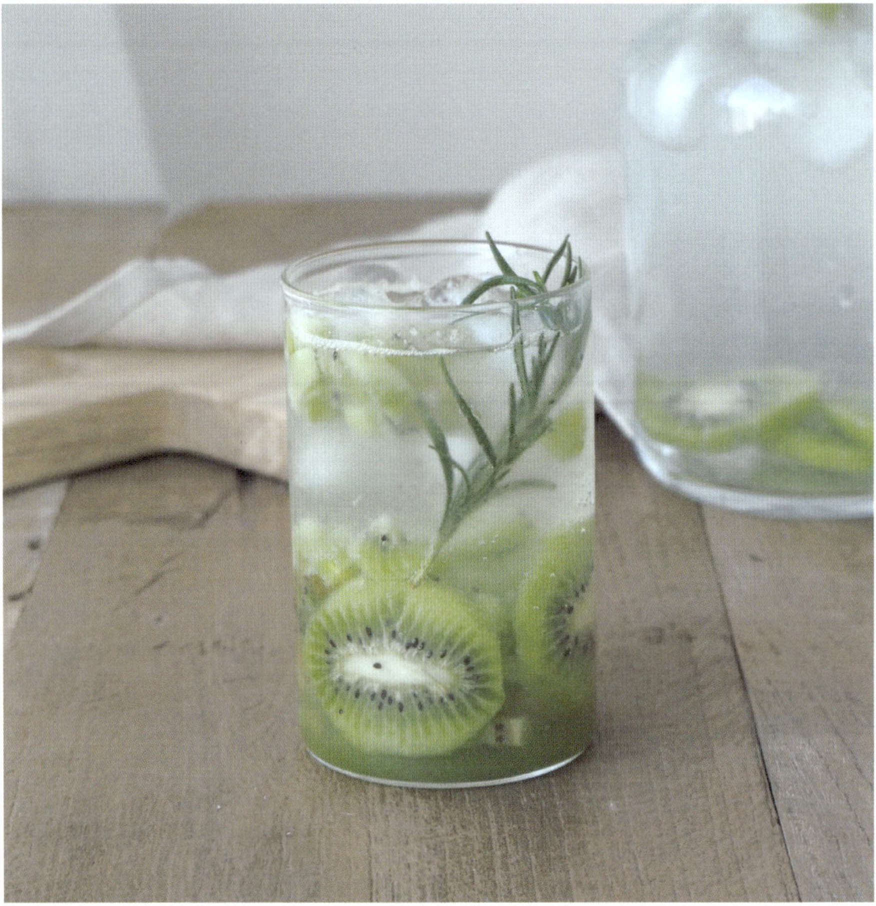

Cafe 8

키위 에이드

키위청 50ml, 탄산수 1잔, 키위 1/2개,
로즈메리 1줄기, 얼음 적당량

1   껍질을 벗긴 키위를 단면이 보이도록 얇게 썬다.

2   얇게 썬 키위를 유리잔 벽면에 붙이듯 놓는다.

3   키위청을 넣고 얼음을 채운다.

4   얼음 위에 탄산수를 가득 채운다.

5   로즈메리를 얹어 장식한다.

카
디
건
을

꺼
내
고

분명 엊그제만 해도 굉장한 더위의 여름이었다. 냉동실에 부지런히 얼음을
얼려두고 차가운 음료를 입에 달고 살았다. 여름내 잘 때는 얇은 이불도 덮지
않은 채 지냈다. 그런데 어느 날 새벽 아침, 열어두고 잔 창문을 통해
기분 좋게 차가운 공기가 들어왔다. 두 눈을 뜨지도 않은 채 손으로 발밑에
내버려 둔 이불을 찾아 온몸에 돌돌 감았다. 코로 숨을 깊게 들이 쉬어보니
이 차가운 공기는 분명, 가을이 온 것이다!

수많은 여름 음료를 다시 1년 뒤에나 먹을 수 있게 되었지만 아무렴 어떤가.
내 사랑 따뜻한 카푸치노를 마실 수 있는 계절이라니! 가을이 온다는 마음에
왠지 모르게 두근거려 옷장 깊숙이 걸어놓았던 카디건을 꺼내입었다. 오랜만에
우유를 따뜻하게 데워 카푸치노를 마시며 기분 좋은 가을 아침 공기를
느껴야지. 올해 가을은 또 얼마나 짧을까. 가을은 늘 아쉽지만,
그래도 가장 좋아하는 계절이 돌아와 설렌다.

(Cafe 1)

카푸치노

에스프레소 1샷, 스팀밀크 120ml,
시나몬 파우더(혹은 초코 파우더) 약간

1 따뜻하게 데운 잔에 에스프레소 1샷을 붓는다.

2 스팀밀크를 만들어 잔에 천천히 붓는다.

3 잔에 스팀밀크가 3분의 2 정도 차면 우유 거품을 스푼으로 떠 봉긋하게 올린다.

4 거품 가운데에 시나몬 파우더를 조금 뿌려 장식한다.

tip. 시나몬 향에 민감하다면 초코 파우더를 뿌리는 것을 추천한다.

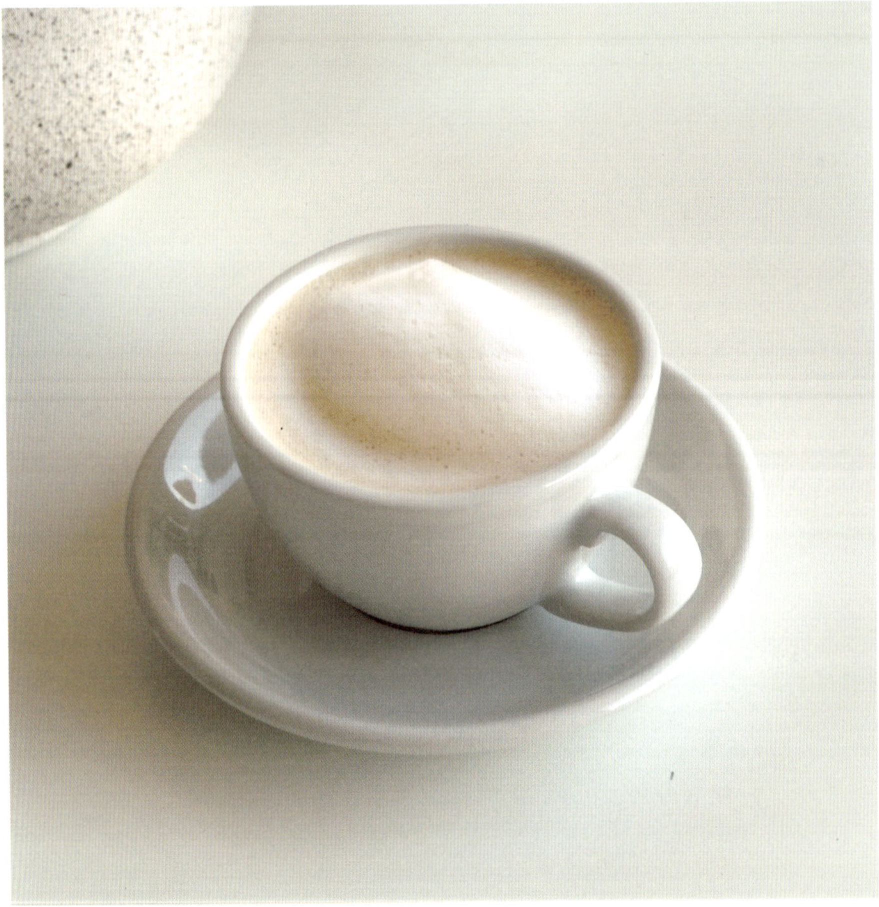

Cafe 2

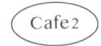

카페 라떼

에스프레소 1샷, 스팀밀크 120ml~150ml

1   따뜻하게 데운 잔에 에스프레소 1샷을 붓는다.

2   부드러운 스팀밀크를 잔에 가득 채운다.

3   우유 거품을 살짝 올려 마무리한다.

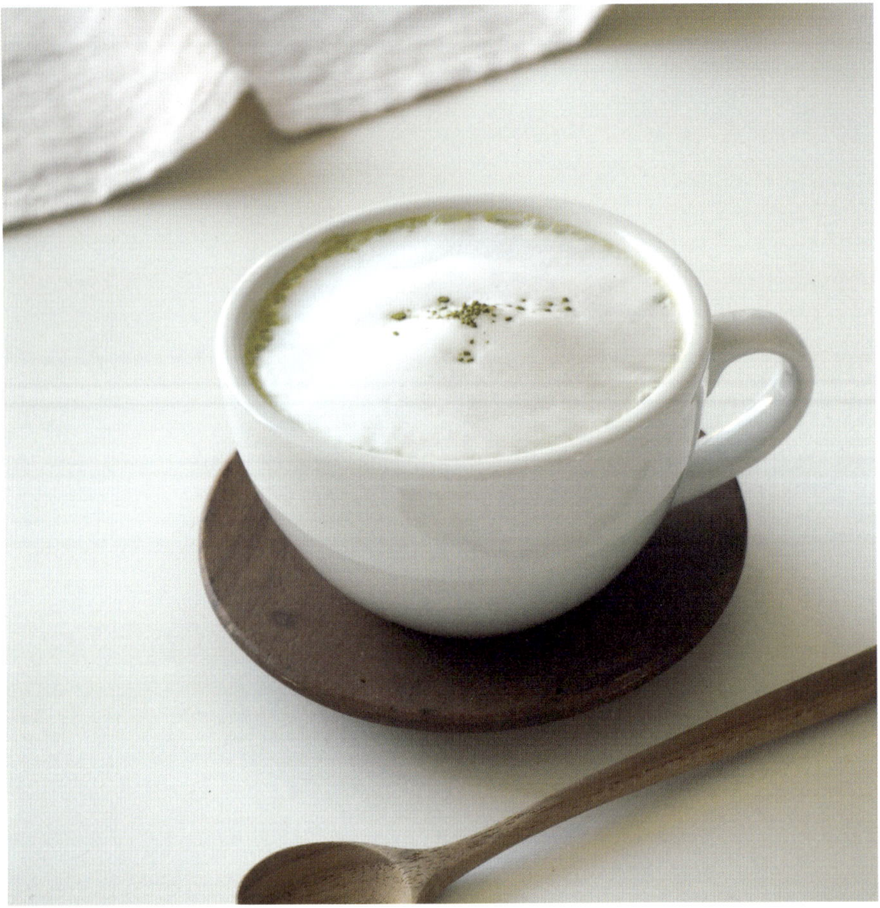

Cafe 3

말차 라떼

말차 파우더 30g, 스팀밀크 200ml

1 따뜻하게 데운 잔에 말차 파우더와 스팀밀크 20ml를 붓고 저어가며 파우더를 녹인다.

2 남은 스팀밀크 180ml를 잔에 가득 채우고 우유 거품을 봉긋하게 올린다.

3 기호에 따라 시럽으로 단맛을 더한다.

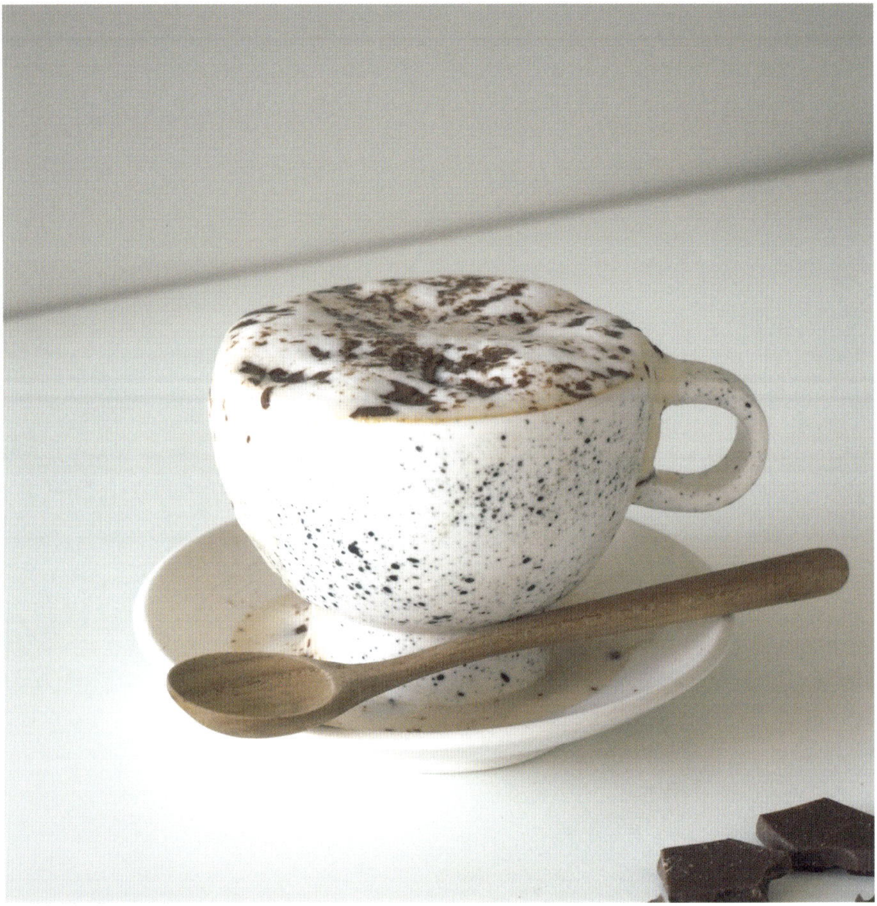

Cafe 4

더티 커피

에스프레소 1샷, 스팀밀크 150ml, 초콜릿 5g

1   따뜻하게 데운 잔에 에스프레소 1샷을 붓는다.

2   스팀밀크를 천천히 붓는다. 부어줄 때 거품 올릴 자리를 조금 남겨놓는다.

3   부드러운 우유 거품을 스푼으로 떠 0.5cm 정도 봉긋하게 올린다.

4   초콜릿을 얇게 썰어 우유 거품 위에 뿌린다.

5   남은 스팀밀크가 있다면 거품이 살짝 넘치도록 듬뿍 붓는다.

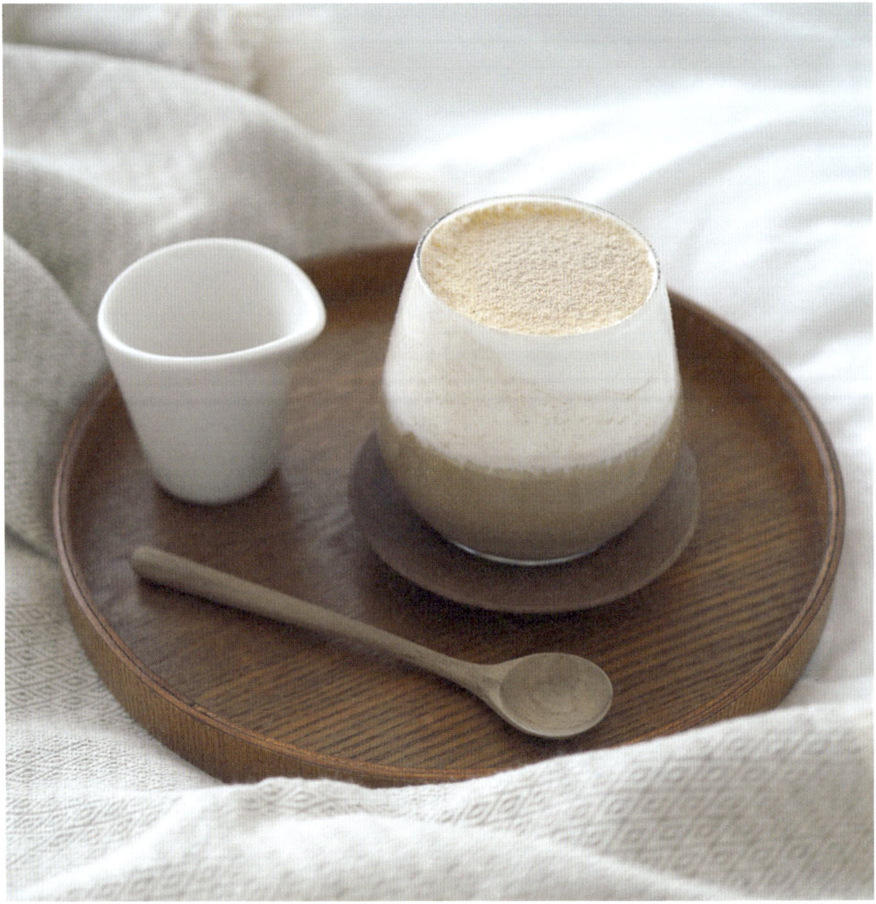

Cafe 5

미숫페너

미숫가루 50g, 스팀밀크 100ml, 휘핑크림 50g

1   미숫가루 반 스푼만 남기고 나머지는 잔에 넣는다.

2   스팀밀크를 붓고 미숫가루를 충분히 녹인다.

3   휘핑크림을 붓는다.

4   미숫가루 반 스푼을 휘핑크림 위에 살짝 뿌려 장식한다.

(Cafe6)

사과차

사과청 50ml, 뜨거운 물 200ml, 미니 사과 2개

1   따뜻하게 데운 잔에 사과청을 넣는다.

2   뜨거운 물을 잔에 부은 뒤 사과청과 잘 섞는다.

3   미니 사과를 깨끗이 씻어 1개는 슬라이스해 넣고, 남은 1개는 통째로 넣어 장식한다.

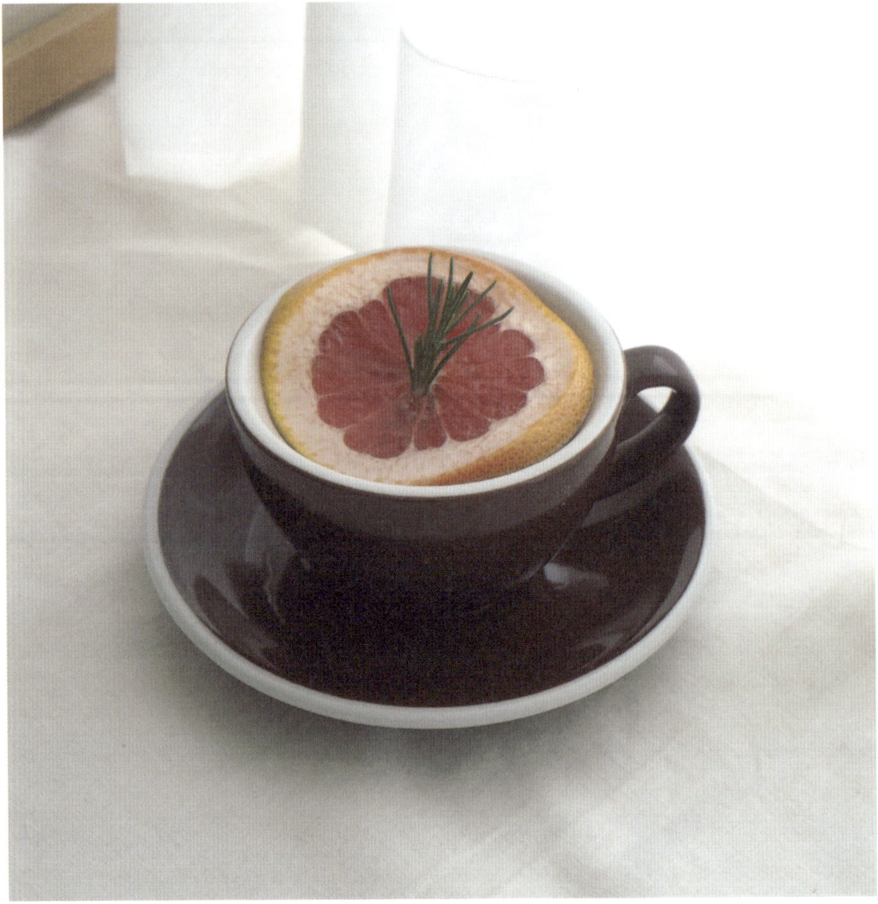

Cafe 7

자몽차

자몽청 50ml, 뜨거운 물 200ml, 자몽 슬라이스 1개

1   따뜻하게 데운 잔에 자몽청을 넣는다.

2   뜨거운 물을 잔에 부은 뒤 자몽청과 잘 섞는다.

3   자몽 슬라이스를 얹어 장식한다.

Cafe 8

레몬차

레몬청 50ml, 뜨거운 물 200ml

1   따뜻하게 데운 잔에 레몬청을 넣는다.

2   뜨거운 물을 잔에 부은 뒤 레몬청과 잘 섞는다.

tip. 민트 잎을 첨가하면 더 상큼한 맛을 즐길 수있고, 장식으로 사용하기 좋다.

그
가
을
우
리

#1   가을은 걷기 좋은 계절이다. 그래서인지 인연이 시작되기도
좋은 계절이다. 괜히 집에 가기 아쉬워 집 밖을 어슬렁거리던 2년 전 가을,
시원한 가을 밤공기 때문인지는 몰라도 우리는 부쩍 자주 만났고 오래 걸었다.
카페에서 테이크 아웃한 달달한 음료를 들고 목적지를 정해두지 않은 채
이야기가 끝날 때까지 걸었고, 그렇게 자연스럽게 우린 연인이 되었다.

처음 시작하는 연인들이 다들 그렇듯 주로 데이트를 영화관과 카페에서
했다. 가을비가 내리던 날, 유난히 비 오는 날과 잘 어울렸던 카페에서
"비 오는 날이면 약속 안 해도 여기서 만나자"라는 쑥스러운 약속에
감동한 듯 알았다고 대답했던 때가 있었다. 지금은 함께 가는 카페가
많이 늘어났고, 처음 만났을 때의 설렘보다는 편안한 사랑이

더 커졌지만, 나란히 앉아 함께 마시는 달달한 음료는 여전히 달콤하고 여전히 기분이 좋다. 올해도 어김없이 찾아온 가을. 내 연인에게 메시지를 보내야겠다.

산책하기 좋은 밤이야. 같이 걷지 않을래?

#2　　　　　　길가에 떨어진 노란 은행잎 덕에 온 도시가 황금빛으로 물든
이 계절, 마냥 싫은 출근길이 새삼 낭만적인 길로 바뀌었다. 바람은 조금
쌀쌀하지만, 바스락거리는 낙엽 소리가 좋다. 휴대폰을 꺼내 사진을 찍어
황금빛 출근길을 기록하기도 하고, 조금 촌스럽지만 코팅을 해서 기념해 볼까
싶어 낙엽 몇 장을 주워서 수첩에 끼워 넣었다.

이번 주말엔 과일 수제청을 만들기로 마음먹었다. 이맘때쯤이면 환절기
불청객인 감기가 찾아와 괴롭힌다. 수제청도 담가야 하고 낙엽 코팅도 해야
하니 겨울이 오기 전에 조금 부지런히 움직여봐야겠다. 투명한 유리병에 곱게
담긴 과일청을 든든하게 줄 세워놓고 쌀쌀한 바람이 불 때 몸살 기운이 돌거나,
늘어지는 기분이 들 때 따뜻한 차로 마셔야지.

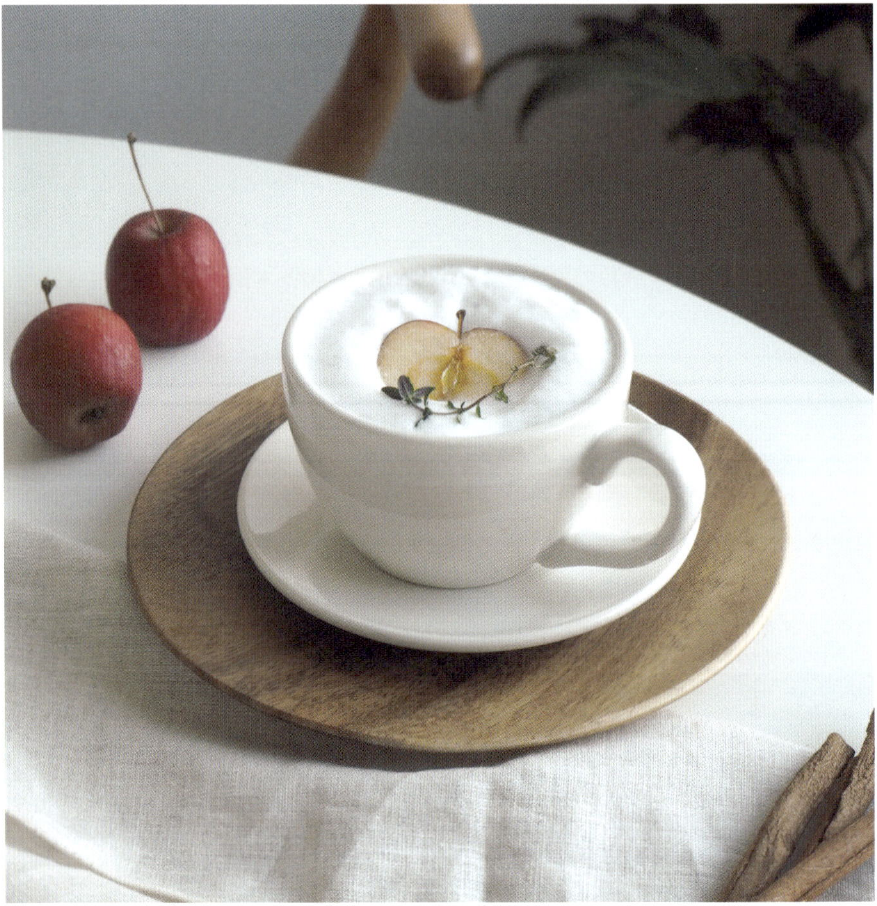

Cafe 1

사과 라떼

사과청 50ml, 스팀밀크 150ml, 미니 사과 1개

1   잔에 사과청을 담는다.

2   스팀밀크를 잔에 반 정도 붓고 사과청과 잘 섞는다.

3   나머지 스팀밀크를 잔에 붓다가 3분의 2 정도 차면 스푼으로 우유 거품을 떠 봉긋하게 올린다.

4   미니 사과는 가운데 단면이 보이도록 얇게 썰어 올린다.

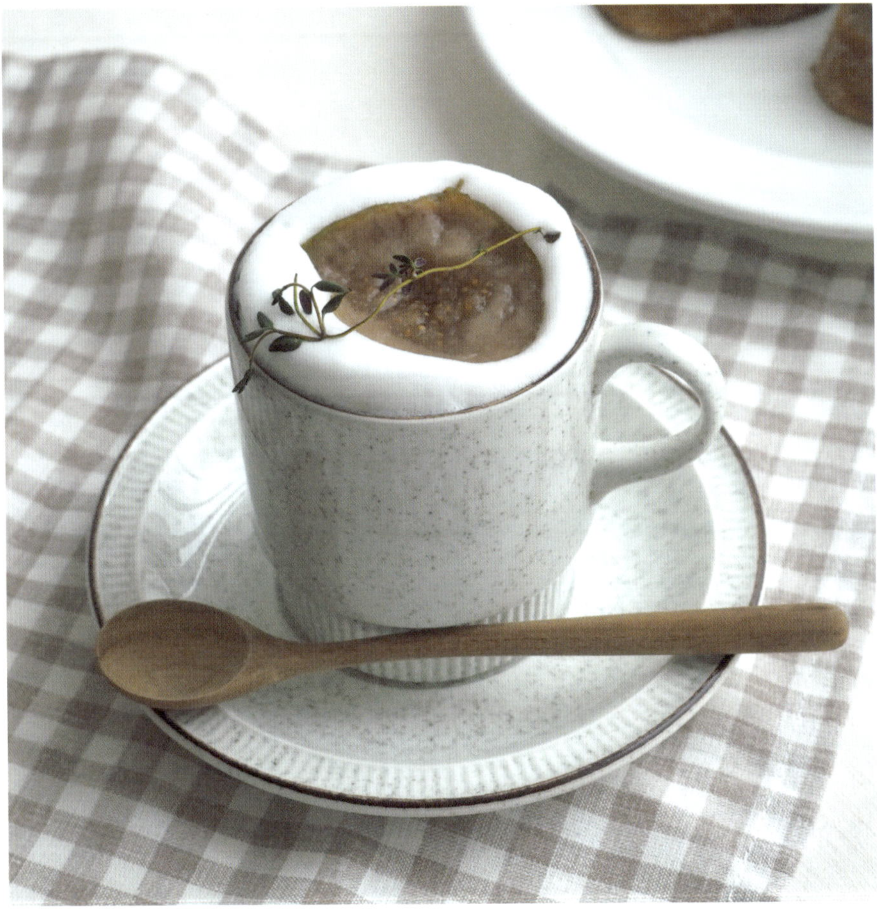

Cafe 2

무화과 라떼

무화과청 50ml, 스팀밀크 150ml, 무화과 1개

1   잔에 무화과청을 담는다.

2   스팀밀크를 잔에 반 정도 붓고 무화과청과 잘 섞는다.

3   나머지 스팀밀크를 잔에 붓다가 3분의 2 정도 차면 스푼으로 우유 거품을 떠 가득 올린다.

4   무화과를 얇게 썰어 장식한다.

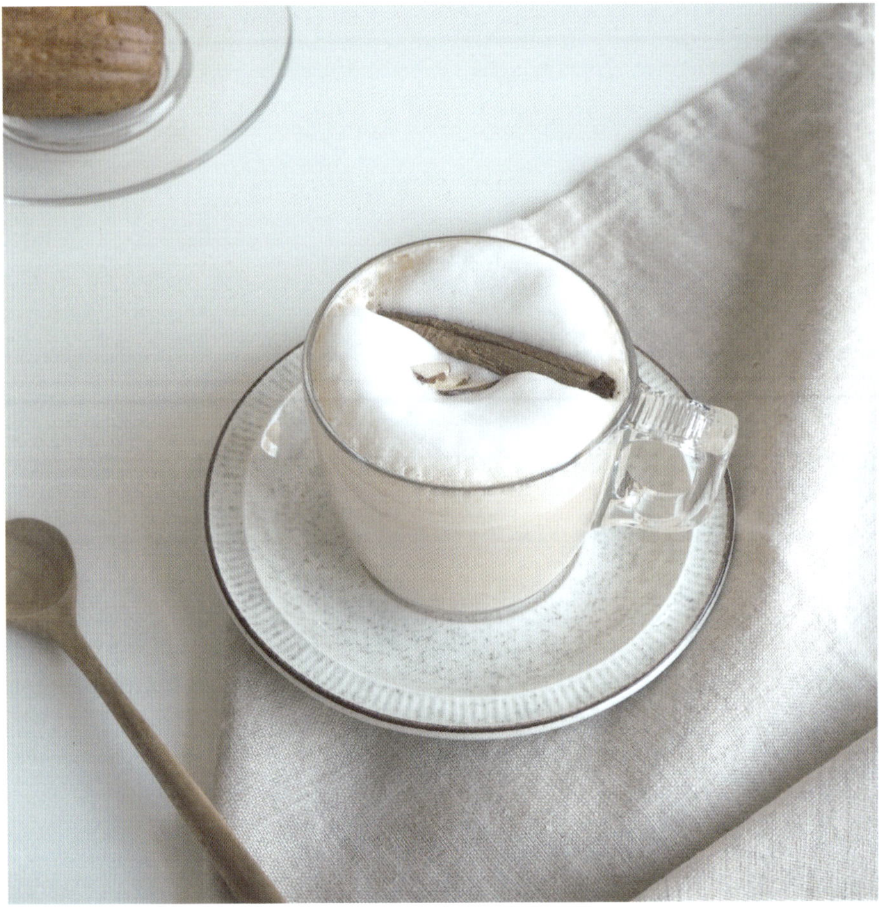

Cafe 3

밀크티 라떼

밀크티 파우더 30g, 스팀밀크 200ml,
아몬드 슬라이스 약간, 시나몬 스틱 1개

1   잔에 밀크티 파우더와 스팀밀크 20ml를 붓고 천천히 저어가며 파우더를 녹인다.

2   나머지 스팀밀크를 부어 잔에 가득 채운다.

3   아몬드 슬라이스와 시나몬 스틱을 얹어 장식한다.

마롱 라떼

찐 밤 3개, 꿀 2스푼, 스팀밀크 200ml

1   찐 밤 2개 반과 꿀을 함께 으깬 후 잔에 넣는다.

2   잔에 스팀밀크 30ml를 붓고, 꿀 섞은 찐 밤이 덩어리가 생기지 않게 잘 섞는다.

3   음료 위에 나머지 스팀밀크를 붓고 우유 거품을 올린다.

4   남은 찐 밤 반개를 올려 장식한다.

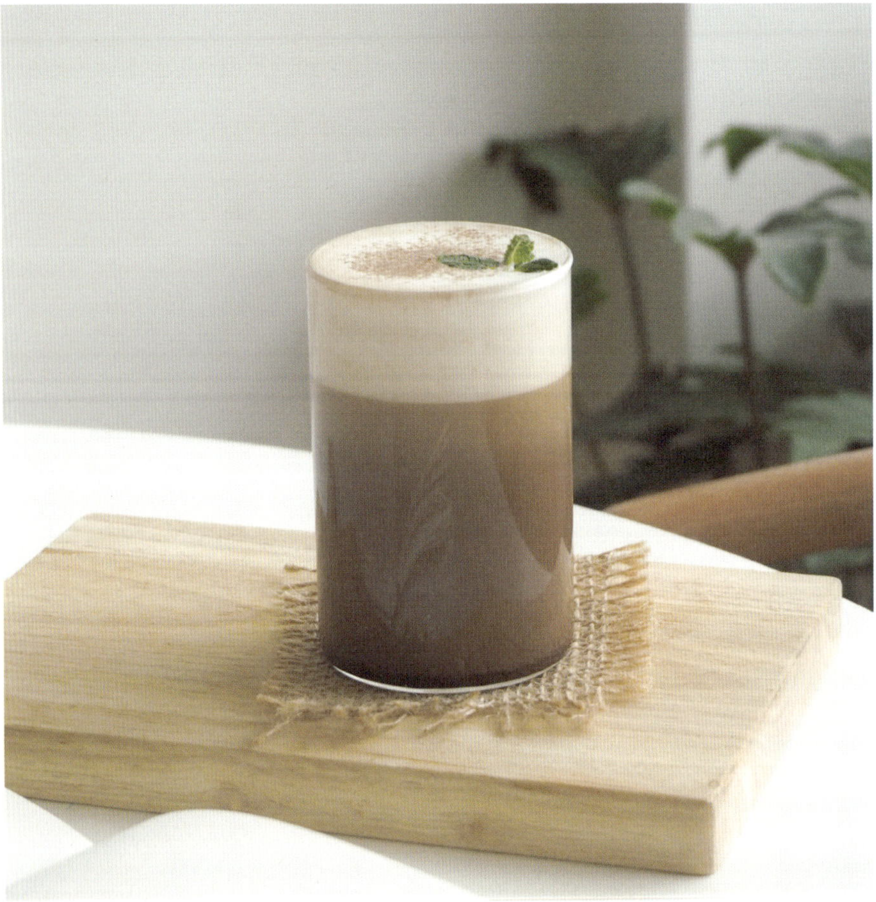

Cafe 5

모카 초코 크림

에스프레소 1샷, 스팀밀크 200ml, 휘핑크림 50g,
초코 파우더 20g, 모카 시럽 10g

1   스팀밀크에 초코 파우더를 녹인 다음 잔에 붓는다.

2   에스프레소 1샷과 모카 시럽도 넣는다.

3   휘핑크림을 올리고 초코 파우더를 살짝 뿌려 장식한다.

tip. 초코 파우더와 모카 시럽의 향 때문에 커피 맛이 연하게 느껴진다. 커피 맛을 더 느끼고 싶다면
     에스프레소를 1샷 추가한다.

(Cafe6)

유자 캐모마일차

유자청 30㎖, 캐모마일 티백 1개, 뜨거운 물 300㎖,
레몬 슬라이스 1개, 로즈메리 1줄기

1 따뜻하게 데운 잔에 유자청을 넣는다.

2 뜨거운 물을 부은 뒤 유자청과 잘 섞이도록 젓는다.

3 캐모마일 티백을 3분 동안 넣어 함께 우려낸다.

4 레몬 슬라이스와 로즈메리로 장식한다.

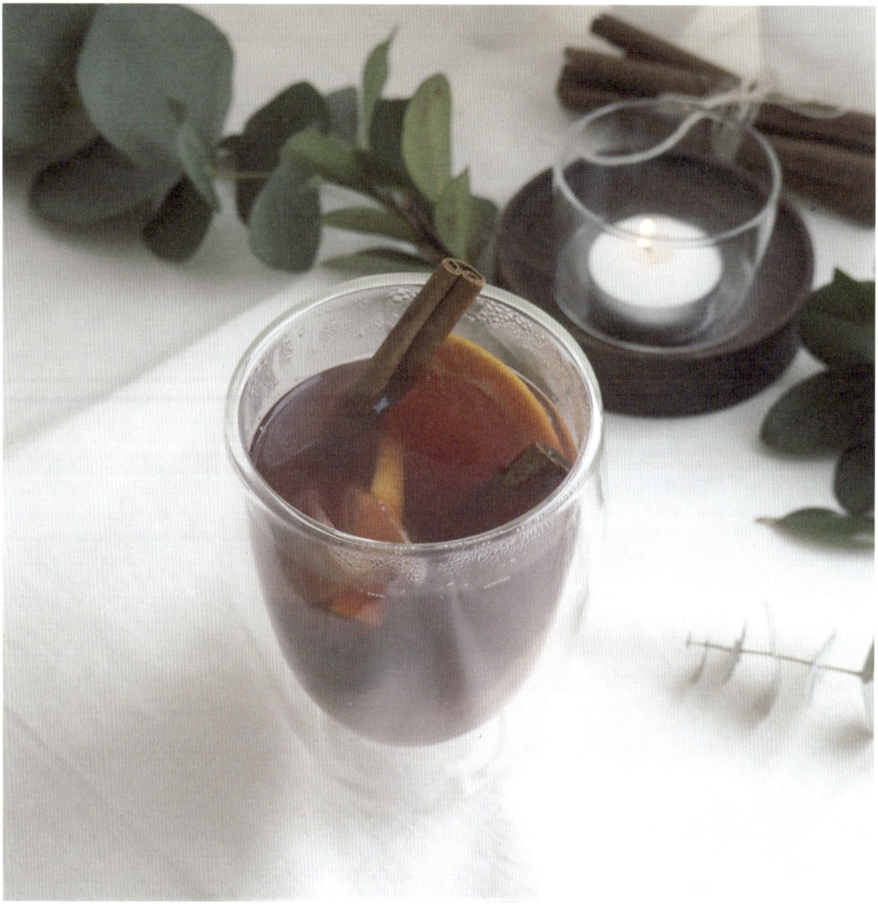

Cafe 7

뱅쇼

레드와인 1병, 사과 1개, 오렌지 1개, 레몬 1개,
시나몬 스틱 20g, 꿀 1스푼 , 물 500ml

1　준비한 모든 과일을 베이킹소다나 굵은 소금으로 문질러 깨끗이 씻는다.

2　모든 과일은 껍질째 얇게 슬라이스해서 준비한다.

3　큰 냄비에 슬라이스한 과일과 모든 재료를 넣고 센 불에서 끓인다.

4　끓어오르면 약한 불로 줄이고 20분 정도 졸인다. 알코올 향을 없애려면 30분 정도 졸인다.

5　한 김 식혀 따뜻하게 데운 잔에 담아낸다.

tip. 잘 우려낸 뱅쇼는 내용물을 제거하고 음료만 유리 저그에 담아 냉장 보관하면 일주일 정도
　　마실 수 있다. 냉장 보관한 뱅쇼는 마시기 직전에 살짝 데워서 마신다.

포
근
함
이

필
요
한

시
간

#1   매년 겨울이 시작되면 한두 장의 니트를 사는 게 습관처럼
되어버렸다. 옷장에 두껍고 포근한 니트를 차곡차곡 쌓아놓으면 왠지 모르게
이번 겨울 한 철도 든든하게 보낼 수 있을 것 같은 마음이 든다. 그중에 가장
손이 많이 가는 옷이 있는데 품이 넉넉하고 소매가 긴 목폴라 니트다. 소매 속에
손을 넣고 니트 끝부분으로 따뜻한 커피잔을 들어 올리면서 뜨거운 커피를
홀짝홀짝 마시는 게 겨울의 이상한 취미라고나 할까. 남들은 왜 그렇게 커피를

불편하게 마시냐고 묻지만 이렇게 마시면 커피가 두 배로 더 따뜻하고
맛있다. 정말이다. 카페나 집 창가에 앉아 창밖을 바라보며
(꼭 창가여야 한다) 포근한 니트 소매 속에 손을 넣고 창밖을 보며
따뜻한 커피를 후후 불어 마시고 있자니 영화에 나오는 분위기 있는
여주인공이 된 것 같다.

#2 　　　　　출근하자마자 내 자리에 놓은 커피와 간식을 정리하며 하루를
시작한다. 중간중간 달달한 간식으로 당 보충을 해줘야 집중이 잘되는
타입이라 매일 아침 기쁜 마음으로 간식을 준비한다. 그런데 겨울이면 달달한
간식으로도 당 충전이 안 될 때가 있다. 영하로 떨어지는 강추위에 온몸에
힘을 주고 다녀서인지 에너지가 급격히 소모되는 것 같기도 하다. 점심 후
1~2시간 뒤 졸음이 몰려오면 달콤한 충전이 필요한 시간이 된다. 그 시간에
즐겨 만들어 마시는 달달한 음료가 몇 가지 있다. 한잔 만들어 마시면 퇴근
시간까지 거뜬히 버틸 수 있게 에너지를 채워주는 음료들. 단 칼로리는
알아서도, 알려고도 하면 안 된다는 것!

(Cafe 1)

아메리카노

에스프레소 1샷, 뜨거운 물 200ml

1   따뜻하게 데운 잔에 에스프레소 1샷을 넣는다.
2   뜨거운 물 200ml를 붓는다.

롱블랙

에스프레소 1샷, 뜨거운 물 100ml

1   따뜻하게 데운 잔에 뜨거운 물 100ml를 붓는다.

2   에스프레소 1샷을 붓는다.

tip. 뜨거운 물을 먼저 붓고 에스프레소를 넣으면 진한 향기와 크레마를 느낄 수 있다.

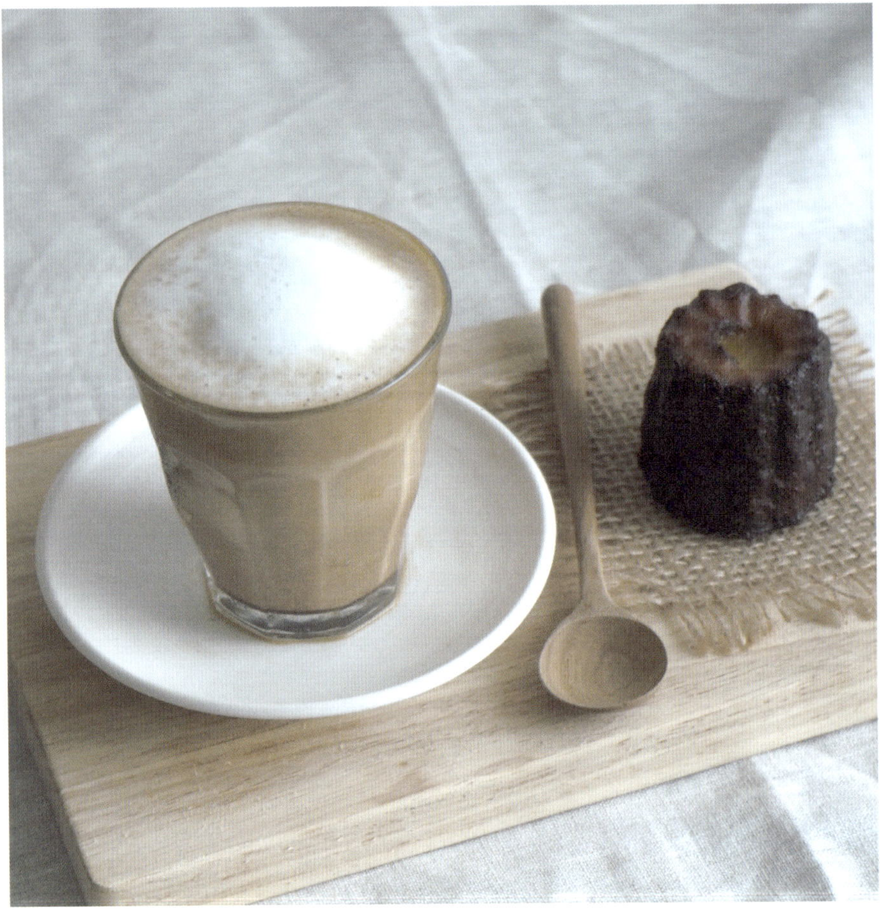

Cafe 3

더블샷 라떼

에스프레소 2샷, 스팀밀크 100ml

1 잔에 스팀밀크를 붓는다.

2 우유 거품을 살짝 올린다.

3 에스프레소 2샷을 천천히 붓는다.

(Cafe 4)

바닐라빈 라떼

에스프레소 1샷, 바닐라빈 1개, 바닐라 시럽 15ml, 스팀밀크 250ml

1 바닐라빈을 세로로 길게 칼집을 내준다.

2 잔에 바닐라빈을 넣은 다음 바닐라 시럽을 붓는다.

3 에스프레소 1샷을 붓고 시럽과 잘 섞이게 젓는다.

4 스팀밀크를 잔에 3분의 2 정도 채운다.

5 우유 거품을 풍성하게 만들어 봉긋하게 얹는다.

Cafe 5

카라멜 라떼

에스프레소 1샷, 카라멜 시럽 25ml, 스팀밀크 250ml

1   잔에 카라멜 시럽을 15ml 정도 넣는다.

2   에스프레소 1샷을 시럽 위에 붓는다.

3   음료 위에 스팀밀크를 붓고 우유 거품을 살짝 올린다.

4   카라멜 시럽을 드리즐해서 장식한다.

(Cafe6)

핫초콜릿

초코 파우더 40g, 스팀밀크 200ml, 초콜릿 약간

1 따뜻하게 데운 잔에 초코 파우더 30g를 넣은 다음 스팀밀크 100ml를 붓는다.

2 초코 파우더가 뭉치지 않게 천천히 저어가면서 녹인다.

3 초코 파우더가 잘 풀어졌으면 그 위에 초코 파우더 5g을 뿌리고 음료랑 섞지 않는다.

4 음료 가운데부터 남은 스팀밀크를 천천히 붓는다.

5 스팀밀크 위에 남은 초코 파우더 5g을 뿌려 장식한다.

6 초콜릿을 얇게 썰어 우유 거품 위에 올려 마무리한다.

마시멜로 라떼

에스프레소 1샷, 스팀밀크 150ml,
마시멜로 2~3개, 초코 파우더 약간

1   에스프레소 1샷을 붓는다.

2   에스프레소 위에 스팀밀크를 붓고 우유 거품을 살짝 올린다.

3   마시멜로를 꼬치에 끼워 팬에 달라붙지 않게 살짝 구운 후 우유 거품 위에 얹는다.

4   마시멜로가 커피에 천천히 스며들면서 마시멜로의 달콤함을 느낄 수 있다.

Cafe 8

옛 날 커 피

에스프레소 1샷, 달걀 노른자 1개, 꿀 반 스푼

1   에스프레소 1샷을 붓고 꿀을 넣는다.

2   달걀의 흰자와 노른자를 분리해 노른자만 에스프레소 위에 띄운다.

3   노른자와 에스프레소를 잘 섞은 다음 마신다. 기호에 따라 꿀을 더 첨가해도 좋다.

tip. 달걀은 신선한 달걀을 사용한다.

(Cafe9)

딸기차

딸기청 50ml, 뜨거운 물 150ml, 딸기 1개,
로즈메리 1줄기, 타임 1줄기

1   따뜻하게 데운 잔에 딸기청을 넣는다.

2   뜨거운 물을 부어 청과 잘 섞는다.

3   딸기를 세로로 슬라이스해 음료 위에 올린다.

4   깨끗이 씻은 로즈메리와 타임으로 장식한다.

tip. 뜨거운 물의 양을 줄이고, 얼음을 넣어 시원하게 마셔도 좋다.

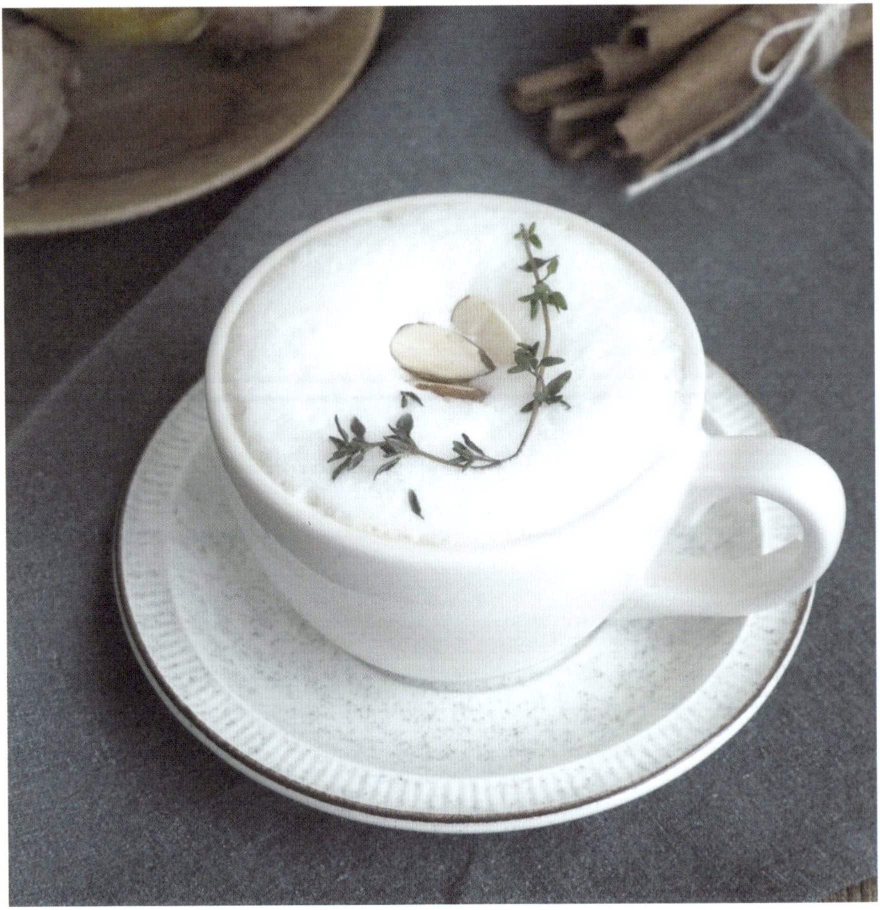

Cafe 10

고구마 라떼

고구마 페이스트 35g, 스팀밀크 200ml, 아몬드 슬라이스 약간, 타임 약간

1 잔에 고구마 페이스트를 넣는다.

2 스팀밀크 100ml를 부어 고구마 페이스트와 잘 섞는다.

3 남은 스팀밀크를 붓고 우유 거품을 살짝 얹는다.

4 아몬드 슬라이스와 타임으로 장식한다.

tip. 찐 고구마를 으깨 꿀+생크림을 섞으면 고구마 페이스트를 만들 수 있다.

스테이 모어 STAY MORE

까눌레가 맛있기로 소문난 카페 스테이 모어. 한남동 골목에 위치한 아담한 카페이지만, 커피와 어울리는 까눌레, 다쿠아즈, 마들렌 등 나카무라 아카데미에서 제과 전문코스를 수료한 주인장이 직접 만든 디저트를 선보인다. 특히 유명한 까눌레는 바닐라, 얼그레이, 말차 세 종류가 있고 겉은 바삭하고 속은 촉촉한 맛을 유지하기 위해 당일 생산 판매를 원칙으로 한다. 까눌레를 처음 접한다면 바닐라빈이 콕콕 박혀 있는 '바닐라 까눌레'를 추천한다. 카페 이름처럼 오래 머무르고 싶은 분위기와 맛있는 커피, 디저트가 있는 곳이다.

인스타그램 @staymore_w | 서울시 용산구 한남대로 27가길 34 | 12:00~20:00
월요일, 마지막 주 일요일 휴무 | 추천메뉴: 까눌레, 플랫화이트

아니스 Annise

한남동에서 옥수동으로 넘어가는 언덕 인근 조용히 자리 잡은 카페 아니스. 조용한 동네에 위치했지만 외관 인테리어는 유럽 카페를 연상시킨다. 치즈케이크와 당근케이크 맛집으로 유명하고 쿠키도 맛있는 곳이다. 조각케이크로 판매하기 때문에 조용히 커피를 마시고 싶을 때 혼자 가기 좋은 곳이다.

인스타그램 @annisepastry ㅣ 서울 성동구 독서당로 160 ㅣ 평일 9:00~21:00 주말 10:00~21:00 ㅣ
화요일 휴무
추천메뉴: 치즈케이크, 당근케이크

카쿠 Kaku

2016년부터 지금까지 많은 이에게 사랑을 받는 카쿠. 샌드위치와 라떼로 유명한 가게이다. 테이블 수는 적지만 카쿠의 샌드위치와 커피를 좋아하는 진짜 단골손님들이 많이 찾는 곳. 바삭한 크로아상 샌드위치는 직접 만든 잼을 사용하고, 알찬 속 재료 덕분에 한 끼 식사로도 손색 없을 만큼 든든하다. 메뉴나 운영 방식이 자주 바뀌니 인스타그램을 꼭 확인 후 방문하길 바란다.

인스타그램 @kakugram | 서울 강동구 성란로 45 | 평일 12:00~20:00 주말 12:00~17:00 | 월요일 휴무
추천메뉴: 크로아상 샌드위치, 라떼

얼스어스 earth us

카페 이름처럼 지구를 생각하는 연남동의 작은 카페다. 일회용 잔 대신 음료를 머그에 담아주고, 휴지 대신 손수건을 내어주는 작지만 확고한 신념이 있는 곳이다. 빨간 딸기가 한 알 올려진 '얼스퀘이크 earthquake'라는 재치 있는 이름을 가진 치즈케이크가 있는데, 꾸덕하고 진한 치즈케이크의 식감으로 많은 이들에게 사랑을 받고 있다. 일회용품이 없는 이곳에서 얼스퀘이크를 포장해 오고 싶다면 종이 포장이 되지 않으니 밀폐용기를 준비해 가져오면 포장이 가능하다. 작은 실천으로 지구를 배려하는 따뜻한 마음이 느껴지는 공간이다.

인스타그램 @earth_us | 서울시 마포구 성미산로 150 | 영업시간은 인스타그램 참고
추천메뉴: 크림 라떼, 얼스퀘이크

사계절 홈 카페 레시피

오늘은 집에서 카페처럼

초판 1쇄 발행 2018년 4월 5일
초판 5쇄 발행 2020년 12월 15일

저자	박현선
펴낸이	이준경
편집장	이찬희
총괄부장	강혜정
편집	김아영, 이가람
디자인팀장	정미정
디자인	정명희, 김정현
마케팅	정재은
펴낸곳	지콜론북

출판 등록	2011년 1월 6일 제406-2011-000003호
주소	경기도 파주시 문발로 242 (주)영진미디어 3층
전화	031-955-4955
팩스	031-955-4959

홈페이지	www.gcolon.co.kr
트위터	@g_colon
페이스북	/gcolonbook
인스타그램	@g_colonbook
ISBN	978-89-98656-72-0 13590
값	15,000원

이 도서의 국립중앙도서관 출판시도서목록 (CIP)은 서지정보유통지원시스템 홈페이지 (http://seoji.nl.go.kr)와
국가자료공동목록시스템 (http://www.nl.go.kr/kolisnet)에서 이용하실 수 있습니다. (CIP제어번호 : CIP2018008961)

지콜론북은 예술과 문화, 일상의 소통을 꿈꾸는 (주)영진미디어의 문화예술서 브랜드입니다.